EL AMOR COMIENZA EN TI

CURRO CAÑETE

EL AMOR COMIENZA EN TI

EL MÉTODO MÁS PODEROSO PARA AUMENTAR TU AUTOESTIMA Y TU FELICIDAD

DIANA

Obra editada en colaboración con Editorial Planeta – España

Bajo el sello editorial DIANA M.R.
Avenida Presidente Masarik núm. 111,
Piso 2, Polanco V Sección, Miguel Hidalgo
C.P. 11560, Ciudad de México
www.planetadelibros.com.mx

Iconografía: Grupo Planeta
Diseño de interior y maquetación: © J. Mauricio Restrepo

Primera edición impresa en España: abril de 2023
ISBN: 978-84-04-27043-0

Primera edición impresa en México: agosto de 2023
ISBN: 978-607-39-0480-3

Impreso en los talleres de Litográfica Ingramex, S.A. de C.V.
Centeno núm. 162-1, colonia Granjas Esmeralda, Ciudad de México
Impreso en México – *Printed in Mexico*

ÍNDICE

La vida no es fácil, para ninguno de nosotros. Pero... ¡qué importa! Hay que perseverar y, sobre todo, tener confianza en uno mismo. Hay que sentirse dotado para realizar algo valioso y saber que es posible alcanzarlo, cueste lo que cueste.

MARIE CURIE

Ignoramos nuestra verdadera estatura hasta que nos ponemos en pie.

EMILY DICKINSON

Para todas las personas que eligen mis libros para creer en sí mismas, vencer sus miedos e impulsarse.

Para mi madre y mi tía Emilita, a las que tanto amo, ejemplos de superación, de resiliencia y de alegría.

Para Jose Bravo Martín, por su lealtad y por demostrarme el valor de la verdadera amistad.

Y para ti, aunque aún no sepa tu nombre, por amarme tanto como te amo yo.

Descubre todo lo que aprenderás con este libro

Todo ser humano, solo por el hecho de serlo, ya es digno de amor. Tú eres digno de recibir amor estés en el lugar en el que estés, haya pasado lo que haya pasado, aquí y ahora, en este momento, y tienes derecho a dejar de sufrir.

El propósito de este libro es que alcances tu realización personal en esta vida. Voy a hacer todo lo posible para ayudarte a alcanzar nuevos niveles de calma, de plenitud y de paz mental.

¿Cuántas veces has buscado fuera lo que solo podías empezar a encontrar dentro? Tantas veces que piensas que te falta algo para ser feliz (una pareja, un trabajo mejor, dinero…). En realidad, es preciso comprender que lo primero que necesitas, lo que necesitarás siempre, es sentir amor hacia ti mismo. Porque tú eres el verdadero protagonista de tu vida.

Cuando te amas, eres capaz de gozar de la vida. Cuando te machacas, lo único que consigues es amargarte la vida.

He decidido escribir este libro, desde la primera página hasta la última, para compartir contigo lo importante que es ser capaces de aumentar el amor que sentimos por nosotros mismos.

¿Para quién es este libro? **Para toda persona que desee mejorar su eficacia y su productividad en la vida, para todo el que desee vivir con más paz interior, para toda persona que esté cansada de ceder su poder ante los demás; este libro es para quien quiera enfadarse menos, disfrutar más, enfocarse mejor en sus objetivos. En definitiva: para quien quiera respetarse y hablarse mejor a sí mismo.** Trabajo lo mismo con futbolistas de primera división que con funcionarios públicos o personas de la limpieza: el método es exactamente igual para todos.

Mi trabajo se basa en la idea de que la salvación depende de cada uno de nosotros: mi éxito es que logres darte cuenta de que tú eres más capaz de lo que creías, más valioso de lo que te dijeron y más fuerte de lo que imaginaste. Mi éxito es que comprendas que no tienes por qué limitarte a ti mismo ni vivir en una cárcel. Mi éxito es ayudar a gente que esté atravesando desafíos para que recuperen la esperanza, la alegría, la paz interior.

Todos atravesamos borrascas a lo largo de la vida. Y todos tenemos que aprender a amarnos para poder ser felices y disfrutar de la vida.

Cuando comprendas que estás capacitado, ahora y siempre, para llevar a cabo una transformación casi milagrosa, nada será igual. Necesitarás compromiso contigo mismo y trabajo personal. Pero no es un trabajo duro o difícil: esa creencia es antigua.

Es un trabajo apasionante que te lleva a autoconocerte, comprender tus heridas y necesidades, cuidarte, darte lo que deseas para ser feliz, encontrar tu propio camino, darte una nueva oportunidad siempre que lo necesites, perdonarte y perdonar a todos, vivir el presente, reír, amar, gozar de esta vida como pensabas hacer cuando eras un niño. En definitiva: **este libro te llevará a aprender a amarte de verdad.**

Normalmente nos amamos y somos felices cuando lo de fuera va bien, pero cuando hay un problema fuera, dejamos que ese problema destruya nuestro bienestar.

Puedes aprender otra manera de vivir en la que lo de fuera te afecte muchísimo menos, de tal forma que puedas transitar esta vida, con sus retos y aprendizajes, en un estado de más tranquilidad y alegría que no solo te permitirá ser feliz, sino que beneficia mucho a tu salud.

El amor a uno mismo es una cura milagrosa que hace que todo empiece a funcionar en la vida. Una persona muy sabia me enseñó que independientemente del problema que trajeran mis clientes a la consulta (problemas de estrés y ansiedad, de falta de realización profesional o de ausencia de dinero, la tristeza ante una ruptura amorosa, falta de salud física o psicológica, falta de amigos o de relaciones sanas...) solo una cosa iniciaría la curación: el amor a sí mismos.

Si yo lograba que aprendieran a amarse, se resolverían por sí solas todas las demás dificultades. Esta idea tuvo mucho sentido para mí y me enfoqué en trabajar con ellos en esta dirección. Poco a poco, creé un programa práctico que, paso a paso, ayudaba a las personas a aprender a amarse a sí mismas sin condiciones.

Trabajé en sesiones con una chica que sentía mucho odio por sí misma. Había dejado de creer en el amor, después de encadenar varias relaciones altamente tóxicas. Venía de una familia destruida, tenía unos padres tiranos y, maldita sea, ¡no se quería nada! A lo largo de siete semanas seguimos el proceso que vas a aprender en este libro, al mismo tiempo que, cada día, repetía cincuenta veces: «Soy valiosa, me amo, me acepto y soy digna del verdadero amor».

Su mejora fue tan espectacular que no podrías creerlo. Y, de pronto, conoció a un hombre maravilloso con el que empezó a salir: exactamente el tipo de hombre bueno, honesto e inteligente con el que había soñado. «¿Es esto casualidad, Curro?», me preguntó.

No era casualidad, sino causalidad. Lo que hacemos dentro de nosotros mismos, esos cambios interiores en nuestro cerebro, cambian lo que sucede fuera. Es evidente que al aumentar el amor por sí misma dejó de sentirse atraída por los hombres narcisistas, abusadores y mentirosos que la habían llevado al pozo tantas veces. Y abrió la puerta mágica, en su subconsciente, al amor verdadero.

He visto con estos ojos como, cuando nos amamos a nosotros mismos, la vida también nos ama más y nos suceden cosas mucho mejores. Los días malos, los golpes de mala suerte, pasan a ser muchos menos y, a cambio, las sincronías y benditas casualidades abundan en nuestra vida.

De pronto es más fácil hacer realidad nuestros deseos, pues pisamos más fuerte, con más confianza, y al mismo tiempo nuestra salud mejora y también la relación que tenemos con nuestros seres queridos, pues nos hacemos más tolerantes, amables y pacíficos.

Fue entonces cuando tomé la poderosa decisión de hacer un libro que ayude a todo el que lo lea a aumentar su autoestima, para que pueda ver cambios positivos en su vida.

> **La vida te ayuda cuando tú te ayudas, porque la vida no puede ayudarte cuando tú no quieres ser ayudado. Cuando despiertes y abras los ojos de verdad, descubrirás un paraíso de posibilidades. Y la vida estará de tu lado.**

¿Por qué el amor a uno mismo es el acto de generosidad más grande?

Porque **cuando te amas de verdad comprendes quién eres y para qué estás aquí.** Es una revolución interna que te lleva de la inconsciencia a la conciencia de que hay un dios interior en cada uno de nosotros. Y entonces el miedo desaparece en gran medida, y al no tener miedo pasas del egoísmo y la vanidad a la humildad y la generosidad. Sin miedo sentirás compasión por todos los seres humanos y serás capaz de darle la vuelta a tu vida por completo.

> **Cuando tú comprendes lo valioso que eres, también te das cuenta del inmenso valor de los demás.**
> **Cuando descubres tu propia luz, puedes ver la luz de los demás.**
> **Cuando miras al otro con amor, reconoces la luz que hay en él.**

Por tanto, este libro es el programa práctico de autoestima más completo. Lo he trabajado con miles de personas en mis cursos y sesiones particulares desde hace diez años y lo he completado y ampliado con descubrimientos científicos y poderosos ejercicios con los que no solo te enfocarás en lo importante para ti, sino que disfrutarás mucho.

A diferencia de mis otros libros, con este es muy importante hacer todos los ejercicios por orden, pues no puedes integrar el paso cuatro hasta que hayas integrado el paso tres, y así sucesivamente. Comparto mi programa como coach experto en autoestima paso a paso, ejercicio a ejercicio, información a información.

Puedes hacer el programa tú solo, con un bolígrafo y un cuaderno, o hacerlo en familia o con amigos. ¡Es maravilloso compartir todos estos conocimientos! También podrías organizar un club de lectura en el que, cada semana, pongas en común lo que habéis aprendido y practicado. Por supuesto, si eres coach o psicólogo, tienes aquí un programa complementario para poner en práctica con tus clientes y pacientes. Sería ideal que les dijeras que vayan leyendo el libro mientras hacéis terapia o sanación.

Nuestra mente es muy poderosa, pero es necesario entrenarla y educarla muy bien. De lo contrario, puede destruirnos.

También puedes leer todo el libro de una vez, pues te va a encantar y emocionar, y luego dedicarte a él con más detenimiento, y subrayar y hacer los ejercicios en el orden en que los propongo.

Encontrarás numerosas afirmaciones positivas y mantras al finalizar cada capítulo, altamente efectivos, para que integres en tu conciencia los nuevos conocimientos que te presento. Si conoces mi trabajo, sabrás que yo, tanto en mi vida personal como con mis clientes, trabajo con la herramienta de las afirmaciones.

¿Qué es una afirmación? Es una frase positiva que nos ayuda a introducir de manera consciente pensamientos positivos que nos hacen bien. Son frases que nos decimos en voz alta o delante del espejo, que escribimos o que recitamos mentalmente. Repítelas en voz alta varias veces al día, te ayudarán a integrar en tu conciencia las nuevas verdades que cambiarán tu vida.

Una de mis clientas particulares, Margarita, está trabajando mucho el desapego. Desde hace cuatro semanas, cada cuatro horas, va al baño y recita cuatro veces:

Suelto ahora todo el pasado y me abro con confianza y alegría al presente.

¿Imaginas cuánto bien puede hacernos decir una afirmación como esta?

Una afirmación es una frase positiva que le viene muy bien a tu alma y a tu cuerpo y que te dices conscientemente para contrarrestar el diálogo negativo que tantas veces nos dedicamos sin darnos cuenta.

Algunos ejercicios te parecerán muy sencillos, pero no subestimes su valor. Lo sencillo es más poderoso que lo complicado. A veces solo respirar hondo ya puede calmarnos muchísimo. Y este programa, que he practicado con mis clientes durante años, ha hecho milagros en muchos de ellos. He visto transformaciones de verdad impactantes: jaquecas que duraban desde hacía años y que de pronto han sanado, personas que han pasado de la ruina económica a la abundancia, otras que han encontrado un propósito de vida que las apasiona y, por supuesto, muchas de ellas que han dado con la pareja de sus sueños o han empezado a amar realmente a su pareja.

Y todo porque aprendieron a amarse a sí mismos.

La infelicidad y el sufrimiento solo son buenos cuando te llevan, por fin, al amor a ti mismo. **El sufrimiento a veces nos lleva a despertar y a descubrir otra forma de vivir, gracias a aprendizajes internos que nos cambian la vida.** Saber lo que no deseas e identificarlo es un avance muy grande hacia tu felicidad: cuando sabes lo que no quieres, también alcanzas claridad sobre lo que quieres.

Ayer terminé un proceso de sesiones con una maravillosa joven llamada Laura. Cuando contactó conmigo por primera vez, se encontraba muy perdida, no se amaba nada a sí misma y estaba llena de miedos, dudas e inseguridades. Trabajaba en algo que no le gustaba, no tenía un proyecto de vida, se hablaba mal y ni siquiera sabía lo que deseaba. Su compromiso con el proceso que hicimos ha sido tan grande que los dos hemos visto suceder cosas mágicas en su vida. Ahora tiene un trabajo de lo que a ella le gusta, un proyecto familiar con una persona a la que ama y una amistad profunda con quien era su ex.

Laura me escribió ayer un correo y comparto una parte de él:

> La de ayer fue una de las sesiones más emotivas que he tenido contigo, pues sentí tantas emociones juntas que no era capaz ni de hablar para expresar tantísima gratitud.
>
> Tal y como te dije, ha sido el proceso con el que más me he comprometido a lo largo de toda mi vida y ha sido gracias a tu forma de tratarme y a tu ENORME trabajo (aunque no

me quito mérito, porque sé que he puesto toda mi energía en esto y HA FUNCIONADO).

Hemos tenido momentos de todo, pero todos necesarios. He comprendido y comprobado muy de verdad que, si crees en algo y vas en la dirección adecuada, puedes conseguir todo lo que te propongas porque la vida te ayuda aunque a veces pueda parecer lo contrario.

Sinceramente, estoy que no me lo creo, te lo prometo. Es como que de repente algo dentro de mí se hubiera liberado; te lo prometo, me siento... Creo que feliz, pero feliz desde dentro.

Imagino que Laura escribió «HA FUNCIONADO» en mayúsculas para resaltarlo. Porque funciona, de verdad, **¡todo lo que vas a leer en este libro funciona!** Y es una noticia maravillosa, porque la información que vas a leer puede cambiar tu vida y mejorarla muchísimo.

Eso sí, te pido compromiso. Si tu nivel de compromiso es grande como el de Laura, **si estás dispuesto a abrir la mente, dejar atrás las creencias que te hacen daño y no aferrarte a ellas, no existen límites a lo que puede suceder en tu vida,** ni al amor que puedes alcanzar, ni a la realidad que puedes llegar a ver con tus ojos.

Comparto ahora contigo, para que empecemos a trabajar desde ya en tu autoestima, un párrafo de mi libro *El poder de confiar en ti,* que ayudó mucho a Laura a liberarse y a ser feliz. Léelo, intégralo, repítelo en voz alta si quieres, o recítalo junto a tu familia y estarás en mejor disposición para hacer y disfrutar el trabajo que vamos a poner en práctica en este libro.

> Dejo atrás el pasado y abandono todas las excusas que me impidan llegar a donde quiero. Me libero del qué dirán. Me permito ser feliz y realizarme. Me permito brillar. Creo en mí más de lo que nunca lo hice ni lo hicieron. Disuelvo los miedos, las dudas y la culpa. Me comprometo al cien por cien conmigo misma y con mi proyecto de vida. Contribuiré con todo mi ser a que el mundo sea un lugar mejor. Voy a vivir con todas las consecuencias. Parto de cero todos los días. No me rendiré pase lo que pase. Desde hoy me querré, estaré de mi lado y seré mi mejor amiga hasta el ***último día de mi vida. Estoy a salvo. Yo, aquí y ahora, me comprometo*** con esta nueva forma de vivir que, a veces, no será fácil, pero sí coherente, hermosa y llena de poesía. Y siempre merecerá la pena y la alegría.

Cuando te des cuenta de que tienes la capacidad de ser quien quieres ser y de conseguir lo que deseas, sin tener que renunciar a ello ni conformarte con otra vida que no te gusta, empezarás a disfrutar de este viaje de verdad.

¿Puedes aceptar que lo que piensas afecta directamente a lo que creas en tu vida?, **¿comprendes que tu poder de influencia sobre tu propia realidad es mucho más grande de lo que creen la mayoría de los seres humanos?** Cuando lo aceptes y lo comprendas, no te sentirás una víctima nunca más y empezarás a concentrarte más en serio en pensar en lo que sí quieres hacer realidad.

Y tu autoestima será mucho más sana y fuerte, pues el amor a ti mismo no dependerá de lo que piensen los demás, sino de lo que pienses y hagas tú.

**Cuando aumenta tu autoestima,
aumentan tu tranquilidad y tu felicidad.
¡Todo está relacionado!**

Cuando veas resultados concretos y tangibles, y entiendas que ha sido gracias a tu manera de pensar y actuar, estarás más motivado que nunca para seguir en esta manera de vivir que te propongo. Comprenderás cómo funciona la vida e incluso de qué se compone el universo, y ya no aceptarás las limitaciones que te ponías a ti mismo con anterioridad ni las que tienen los demás.

Te ayudaré a dejar atrás las creencias antiguas que no son ciertas y que ya no te sirven para esta nueva forma de vivir. Yo también tuve que desaprender muchas cosas que me hacían daño para aceptar la verdad y entrar en un mundo nuevo.

«

Creo que todos nosotros llevamos dentro un poco de luz, algo totalmente único e individual, una llama que merece la pena proteger. Cuando reconocemos nuestra propia luz, adquirimos el poder para utilizarla.

MICHELLE OBAMA

«

En este libro **aprenderás a hacer realidad tus deseos, pero sobre todo a relajarte en el proceso de hacerlos reali-**

dad. Cuando logres sentirte bien desde que nace tu deseo hasta su realización física, habrás logrado lo que no han conseguido todavía la mayoría de los seres humanos: disfrutar del presente.

Y cuando comprendas el poder tan grande que tiene para ti y para tu vida disfrutar del presente, y compruebes por ti mismo que lo que llega a tu vida cuando estás relajado, tranquilo, feliz, en tu centro es muchísimo mejor que cuando estás ansioso, querrás seguir practicando esta filosofía práctica basada en la felicidad.

Por supuesto, muchas veces te caerás, pero eso no importa, porque sabrás que el juego y el entrenamiento es contigo mismo; con lograr sentirte bien tú ahora, sin pretender cambiar las circunstancias externas.

No te distraigas con la opinión de otros ni con las limitaciones de otros. Comprende que son sus limitaciones, no las tuyas, y que no tienes por qué aceptarlas ni creerlas para tu vida. **Lo que tú crees, se hará verdad para ti. Lo que ellos creen, será verdad para ellos. Tú eliges lo que quieres creer y cómo quieres vivir.**

El programa de autoestima que te presento a continuación estará compuesto por los siguientes pasos y capítulos:

Paso 1. Cómo pasar de la inconsciencia a la consciencia

Hacerte consciente es ver lo que antes no veías. Darte cuenta. Algunas personas son conscientes en algunos puntos de su vida, pero inconscientes en otros. Si quieres mejorar, es necesario que te des cuenta de lo que va mal, que lo pongas por escrito, y al mismo tiempo que sepas qué puedes hacer para mejorar. Te harás más consciente y empezarás a mejorar todo lo relacionado con el amor a ti mismo: el autocuidado, la salud, el dinero, el trabajo, tus relaciones más importantes, tus aficiones... Por supuesto, también te harás consciente de todo lo que quieres y ya tienes, para que valores mucho, cada día, las cosas buenas que hay en tu vida. He descubierto que **las personas agradecidas reciben cosas mucho mejores. A la vida le gusta la gente agradecida. Cuando agradeces llegan más cosas buenas.**

Paso 2. Aceptación para dejar de sufrir

Para quererte es necesario que aceptes tus luces y también tus sombras. Aceptarás tus fortalezas, debilidades y lo que consideras tus defectos para amarte de forma incondicional. También aprenderás a aceptar las luces y sombras de tus relaciones más importantes, para que dejes de luchar y empieces a disfrutar de tus relaciones de forma más sana y auténtica. **Aceptarás los retos de la vida para poder transformarlos en oportunidades maravillosas.**

Paso 3. Aceptación de las reglas de la vida: la pérdida y la muerte

La vida está llena de regalos. Los regalos que llegan a tu vida son interminables, pero tienen un principio y un final, y esto es necesario aceptarlo si quieres sentir paz. Cuando comprendas que las reglas del juego de la vida no son malas, sino que hay una Inteligencia Infinita detrás y que la vida es maravillosa tal y como es, podrás relajarte ante la pérdida, porque sabrás que, cuando un regalo termina, vienen otros. Trabajaremos también un tema que hace sufrir a mucha gente: la muerte. Yo también he perdido a personas muy importantes, algunas de forma trágica. Voy a ayudarte a entender de verdad que la muerte es una transformación, y así podrás aceptarla con más tranquilidad.

Paso 4. ¿Cómo crear mi propia realidad?

En este capítulo aprenderás a ser el creador deliberado que has venido a ser. Porque no eres como un corcho a la deriva en un océano sin fin, sino un ser poderoso que tiene conciencia y sabiduría interior. **Cuando aprendas a escuchar tu guía interna y comprendas cómo funciona el universo, entenderás que no hay nada que desees ser, hacer o conseguir que no puedas hacer realidad.** Serás capaz de concretar todo lo que quieres, dibujar tu proyecto de vida y encontrarás mucha claridad sobre la vida que quieres vivir. Jamás volverás a ser una víctima, pues habrás entendido el poder de tu foco y sabrás que el poder está dentro de ti, no está fuera. Comprenderás mejor que nunca cómo es el proceso creativo, la importancia de tus deseos, de tus sueños e ilusiones, y cuáles son los pasos concretos que hay que seguir para que no te veas extraviado en el desierto. Conectarás con tu guía interna, que está conectada a la Inteligencia Universal en torno a la que gira la vida, y hallarás paz y tranquilidad. Comprenderás que la buena salud que deseas está en tus manos. Haremos ejercicios para hacerte consciente de tu poder creativo y que empieces a utilizarlo con mayor eficacia para materializar tus deseos. Y sobre todo aprenderás a avanzar hacia tu proyecto de vida con gozo, alegría y paz interior. Una vez más, encontrarás poderosas afirmaciones que te ayudarán a materializar tus deseos y enfocarte en ellos.

Paso 5. Cómo sanar tus heridas del pasado y tus traumas, y cómo liberarte de todo resentimiento

Si quieres ser el creador deliberado que construye su propia realidad y quieres vivir con una buena autoestima que te permita ser feliz, tendrás que sanar las heridas del pasado, curarlas, para romper las cadenas que te atan a lo que ya no existe. Existe el presente. **El pasado no puede afectarte si tú no llevas a él la atención.** Aprenderás a identificar y sanar los traumas con ejercicios prácticos de autocuidado que te ayudarán a darte amor en cualquier circunstancia y condición. Curarás tus heridas con amor y aprenderás a perdonar no solo a quienes te hicieron daño, sino a ti mismo. El amor es una cura milagrosa y en este capítulo tendrás oportunidad de practicarla. Pero, como veremos, muchas veces permaneces atado al pasado porque no has aprendido a vivir aquí y ahora, en un eterno presente. No importa quién o qué provocara tus heridas; son tuyas y tienes que curarlas. Aprenderás a hacerlo.

Paso 6. Cómo decir que no cuando quieres decir no, cómo dejar de compararte con los demás y cómo liberarte de la cárcel del qué dirán

En este capítulo practicaremos con ejercicios que te permitan ser libre y llegar a ser tú mismo de verdad. Muchas personas viven con máscaras, sin atreverse a ser ellas mismas por miedo al qué dirán o por otro tipo de causas. Pero, si no te permites ser tú mismo, no puedes tener una buena autoestima, pues ser quien has venido a ser es el mayor acto de amor por ti y por la vida. Aprenderás a poner límites a los demás, a decir NO con amor (de buenas formas, pero con firmeza) cuando quieres y necesitas decir no, y a decir sí cuando quieres y necesitas decir sí. También aprenderás a pedir. **Es un acto de amor por ti pedir lo que quieres, pero no podrás hacerlo mientras tengas miedo a que te digan que no.** También necesitarás dejar de compararte con los demás. En todos mis años haciendo sesiones como coach profesional y recibiendo cartas de lectores, he descubierto que **una de las cosas que más nos dañan es compararnos con otros**. Cuando comparas tu vida con la de otras personas, te alejas de tu propio camino y, además, reflejas una gran ignorancia, pues no tiene sentido alguno que te compares con otros. Tú tienes un camino distinto al de los demás. Encuentras felicidad no solo cuando haces tu propio camino, sino cuando permites que los demás hagan el suyo. Te liberarás de las comparaciones con los demás para poder centrarte en tu vida.

Paso 7. Amarse es volver a volar

Terminarás este libro comprendiendo en todas tus células que jamás vas a saber cuándo termina el viaje de cada uno, pues eso pertenece al misterio de la vida, pero sí podemos vivir cada día con más coherencia, intención y propósito. Comprenderás que el amor es lo único que da la felicidad, y enfocarás tu vida a la construcción de lo que tiene sentido para ti. Compartiré contigo en este capítulo el máximo aprendizaje que recibí cuando en Londres tuvieron que ingresarme y pasé uno de los momentos más delicados de mi vida. Compartiré lo que nunca he compartido, con el objetivo de ayudarte a ser feliz en esta vida y a que mantengas el amor por ti. **Quiero que, si dejaste de volar, empieces a volar de nuevo; y si ya estás volando, que vueles más alto**. Así entrarás en el club de las personas poderosas y al mismo tiempo humildes, que viven su vida al máximo nivel.

Tranquilo, relájate, **no hay nada de lo que preocuparse, todo tiene solución y ahora vamos a trabajar juntos, de la mano, con paciencia, amor y alegría, en mejorarnos a nosotros mismos**. Es posible, queremos hacerlo y lo vamos a hacer. Porque, como expliqué en mis otros libros: la felicidad llega por propósito, no por azar. Y mientras haya vida... ¡vamos a por todo lo mejor!

Afirmaciones para entrenar tu mente

- Hay gente buena y amable por todas partes.
- La vida siempre está dispuesta a ayudarme.
- Mi confianza aumenta cada vez más.
- Me siento cada vez más a gusto, feliz y tranquilo en el momento presente.
- Mi salud es muy buena y me siento lleno de energía positiva.
- Mis deseos verdaderos se hacen realidad en el momento perfecto.
- Mi trabajo siempre se expande y atrae a las personas que lo necesitan.
- Mis ingresos económicos están aumentando y siempre me permiten pagar todo lo que necesito y deseo.

INTRODUCCIÓN

Un comienzo antes del comienzo

Cada vez que en esta vida atravieses una crisis, recuerda:

> **Lo primero: recuperarte. Recuperar la felicidad.**
> **Recuperar el camino. Recuperar la fuerza.**
> **Recuperar la alegría. Recuperar el amor por ti.**
> **Antes que nada, mirar por ti, salvarte a ti.**
> **Después, todo lo demás.**

Quiero contar, antes de empezar con el programa práctico de autoestima, una vivencia personal que te ayudará a entender aún más la importancia de todo lo que vas a aprender en este libro.

Eran las diez de la mañana del martes 21 de septiembre de 2021 y todavía no sabía que iba a vivir uno de los días más importantes de mi vida. Me desperté con un extrañísimo dolor en el pecho en mi diminuto estudio del Soho, en Londres, ciudad en la que estaba viviendo con la esperanza de salvar una relación amorosa que no funcionaba.

Habíamos roto hacía una semana y ese día, al salir de la cama, fui a la cocina y me tomé un café con leche de avena. El dolor en el pecho era nuevo, raro y persistía. Pensé en avisar a alguien, pero no tenía a nadie a quien llamar. En esa ciudad enorme, fascinante, llena de gente, pero increíblemente solitaria, los pocos amigos que había logrado hacer estaban siempre ocupados.

Fui a la barra con ruedas que era mi armario y cogí un chándal. Me vestí, me puse mi inseparable mochila a la espalda y cinco minutos después caminaba tranquilamente hasta el Hospital de Sant Mary, situado en el centro de la ciudad.

En Urgencias una joven afroamericana me tomó los datos y me preguntó los síntomas, y cuando le dije lo que me sucedía, pareció preocuparse y me puso el primero de la larguísima cola de pacientes que había. Jamás me habían colado en urgencias.

En una salita me hicieron un electro y un análisis de sangre. De ahí me llevaron a una habitación con camilla y me enchufaron a un montón de cables. «Tenemos que esperar los resultados», me dijeron, y en cuanto salieron los resultados, en menos de una hora, me dieron un vaso de agua y cinco aspirinas, además de otras pastillas que no sabía para qué eran.

Después vino a hablar conmigo la doctora con los resultados en la mano. Era una doctora joven, muy guapa, con largos cabellos que le caían hacia los lados. Estaba muy seria. Los resultados no eran buenos.

—Lo que te sucede puede ser más grave de lo que nos gustaría. Las troponinas están muy altas y eso sucede cuando hay un ataque al corazón. Vamos a trasladarte urgentemente en ambulancia al hospital de Hammersmith, que tiene la mejor unidad de cardiología de la ciudad de Londres.

—¿Qué?

Abrí mucho los ojos, alcé las cejas, le pedí que me repitiera lo que me había dicho y luego le dije que me lo repitiera otra vez.

—Te vamos a trasladar a otro hospital mejor equipado para estos casos. Por cierto, tu apellido lo tuvo uno de los cardiólogos más eminentes de Inglaterra.

—¿Me voy a morir? —le dije. Al fin y al cabo, en mi familia por parte de mi padre ha habido varias muertes por problemas del corazón, y mi querido papá ha sido operado varias veces.

—Esperemos que no, pero tenemos que actuar rápido, porque tienes las troponinas muy muy altas, y eso es lo preocupante.

—¿Las qué?

Yo no tenía ni idea de lo que eran las troponinas, pero esa frase, pronunciada en inglés, me dio un vuelco en el corazón, y cuando unos minutos después me llevaban en la camilla recorriendo todo el hospital, no sabía si lo que me estaba sucediendo era real. Quince minutos más tarde, cuando la ambulancia circulaba abriéndose paso con la sirena a toda velocidad por el centro de Londres conmigo dentro, con Curro, que siempre había estado sano, que jamás había tenido una enfermedad y que ahora estaba enfermo, toda mi vida me pasó por delante.

Me vinieron todas las veces que me había hecho daño a mí mismo, las que no fui capaz de ser yo por miedo al qué dirán, los sufrimientos innecesarios por lo que pudieran decir otros, mi falta de autoestima la mayor parte de mi vida sintiéndome menos que otros, aquellos momentos de la niñez en los que empecé a descubrir que yo no encajaba en el mundo, y, más tarde, cuando dejé de ser yo mismo para que me aceptara una sociedad que no aprobaba quien yo era; también pensé en mis meteduras de pata, todas esas veces que había sufrido innecesariamente.

Me acordé de unas palabras de san Francisco: «Donde haya odio, ponga yo amor, donde haya oscuridad, luz».

En la ambulancia, con dos enfermeros jóvenes que seguían haciéndome nuevos electros en la camilla mientras circulábamos, comprendí que los seres humanos podemos cambiar el sufrimiento por la luz transformándonos a nosotros mismos.

Y ese descubrimiento, esa certeza absoluta de la existencia de una luz que nos llena e ilumina, me pareció tan mágico, que de pronto se fueron todos los miedos, solté el control y me entregué a la vida, a lo que pudiera suceder, con una tranquilidad nueva que a mí también me sorprendió.

En el hospital de Hammersmith, en una sala gigante llena de personas encamadas que se debatían entre la vida y la muerte, pasé cuatro días sin ducharme, sin desodorante, sin nada que leer y sin batería en el móvil. Por las noches, cuando lograba quedarme dormido, de pronto sonaban todas las sirenas y encendían las luces. Las enfermeras se levantaban raudas y todos iba a intentar salvar a alguien que había tenido un ataque al corazón.

No llamé a nadie de mi familia, pues por el covid nadie podría venirme a verme, y sobre todo no quería darle ese disgusto a mi madre, ya que todavía no me habían detallado lo que le sucedía a mi cuerpo ni lo que me iba a ocurrir. Cada día me llevaban en la silla de ruedas a distintas habitaciones y me hacían todo tipo de pruebas, escáneres y me metían dentro de aparatos muy sofisticados. Yo no sabía lo que me estaban haciendo, porque lo que me contaban en inglés los médicos, uno diferente cada vez y de distintas nacionalidades, era difícil de entender para mí. Algunos discutían sobre si habría que hacer *surgery* (cirugía).

—¿Me voy a morir?, ¿tengo un problema grande? —les preguntaba, y ninguno me decía que no de forma rotunda.

Pasé esos cuatro días solo y sin contarle nada a nadie. Y en aquellos días de tanta confusión, cada vez que pensaba en la muerte, en la posibilidad real de que mi vida acabase en ese momento, las lágrimas me brotaban de los ojos, pero me di cuenta de que no eran lágrimas porque se acabara mi vida, sino por mi madre.

Mi madre ya perdió un hijo y fue lo más duro que ha vivido en su vida, y no era justo, no era lógico, no era sensato que la vida le hiciera otra vez lo mismo. Mi hermano Rafa era cien veces mejor persona que yo, el mejor de toda la familia, pero murió antes de tiempo; se quitó la vida él mismo.

Del suicidio se habla poco en nuestro país, pero es una realidad preocupante. Y no solo están las personas que al final se suicidan, como le pasó a mi hermano, sino muchas que están en una fase anterior, con la idea y el deseo de irse de este mundo a voluntad para finalmente descansar, pero no lo hacen porque no se atreven o porque no quieren hacer sufrir a quienes quieren. Solo cuando el dolor por quedarse aquí es aún más grande, más intenso, más horrible que el de marcharse es cuando una persona da ese paso.

Yo le pedí a Dios: «Por favor, si me tengo que ir, que sea después que mi madre».

Pasé ratos de todo tipo. Y ocurrió algo sorprendente: cuando yo estaba en la camilla del hospital y lograba quedarme a solas con la idea de mi propia muerte, sentía mucha paz, una paz infinita, indescriptible, una presencia que me envolvía y me decía que estuviera tranquilo, que no tenía que preocuparme por nada, sucediese lo que sucediese.

Comprendí que vivir o morir no era asunto mío y ya no dependía de mí, pero que, si vivía, aquella experiencia me transformaría por completo y cambiaría todas las cosas.

No tenía miedo.

Tu único miedo debe ser dejar pasar la vida sin vivirla intensamente, vivir lo sueños de otros en lugar de los tuyos propios.

Esos eran mis únicos miedos, pero, ante la muerte, sentía mucha paz, me sentía seguro, consciente como nunca de que la muerte nos lleva a una transformación a más amor.

En esos momentos duros la vida me hizo saber, con claridad absoluta, que **el cielo es el retorno del ser humano al Todo, un vacío que está lleno de vida y de lo más valioso del universo**. Eso que llamamos «vacío» es Amor Puro y nos lleva a la felicidad infinita, que no es otra cosa que el regreso al hogar, la fusión del alma individual con la universal, el retorno final de la chispa de luz que hay en ti a la Luz Infinita que dirige el mundo.

Supe que ese mundo de luz también está aquí, en esta vida física, y que podemos lograr conectarnos más a él, más tiempo, más personas, y cuantas más lo consigamos, más cerca estaremos de salvarnos. La salvación es amor, no es otra cosa.

La salvación es la felicidad y la tranquilidad
de espíritu. La salvación es la salud
y la verdadera vida.

Una de las noches me desperté sobresaltado, envuelto en sudor, con una idea que me ardía en la cabeza, y tuve que pedir a una enfermera que me diera la mochila, donde tenía una libreta. Escribí este mensaje que me llegó para todos nosotros:

El día más importante siempre es hoy.
La meta más grande es cumplir tu propósito:
amar y ser útil.
Tu paz interior y tu tranquilidad no deben ser
negociables.
Escucha a menudo tu interior:
allí tendrás las respuestas que necesitas.
La luz siempre está en ti.
El cielo es la luz.
La luz es el amor: tu guía.

Salí del hospital cuatro días más tarde, caminando solo y con los informes y la medicación en un sobre. Estaba muy débil, pero sabía que el mundo empezaba de nuevo para mí. Tenía dos enfermedades en el corazón: una miocarditis grave que podía haberme provocado una muerte fulminante y para la que me dieron medicación para seis meses. También habían descubierto una enfermedad genética grave que ya sería para toda la vida, válvula aorta bicúspide, que podría darme nuevos sustos en cualquier momento y que me obligaba a hacerme pruebas todos los años para ver en qué estado de dilatación se encontraba. Cuando la dilatación aumentara pasando del riesgo medio al alto de sufrir un aneurisma, tendrían que operarme a corazón abierto, una intervención bastante compleja en estos momentos.

Y así fue cómo descubrí que el Curro que creía que estaba completamente sano, estaba enfermo. Una enfermedad grave que me obligaría de por vida a ser el primero en seguir una de las máximas más importantes que enseño con mi trabajo:

> **Si pierdes el tiempo con lo que salió mal ayer, no podrás emplearlo en lo que quieres que salga bien hoy.**
> **El pasado no tiene importancia si tú no le prestas atención.**
> **Empieza de cero cada día.**
> **Lo único seguro es que nada es seguro. Lo que ves hoy, las personas, las cosas, las situaciones**

no durarán siempre. Todo puede acabar en cualquier momento. No pierdas tu conexión.
Sin conexión no hay ilusión
Sin ilusión no hay amor.
Sin amor no hay felicidad. Sin felicidad no hay vida. Protege tu paz, tu ilusión, tu felicidad y tu vida.
Y te sentirás lleno de amor. Porque si estás conectado a la fuente infinita, el amor nunca dejará de brotar.

Conseguí cargar el móvil. Llamé a mis hermanas, a mi madre y a mi amigo Jose. Se asustaron mucho y no entendían por qué no había avisado a nadie. Mi madre se puso a llorar a lágrima viva por teléfono. Yo sentía mucha paz, pero estaba muy muy débil. Después de cuatro días postrado en una cama, necesitaba caminar y procesarlo todo. Me bajé en Southbank y caminé más de una hora por el Támesis, el río que siempre me había ayudado a conectar conmigo mismo y a encontrar respuestas.

El mensaje más claro que había recibido de esa dolorosa experiencia fue que necesitaba seguir conectado con la Luz.

Crucé a pie el centro de Londres y llegué a mi apartamento del Soho. Me senté en el escritorio ante la necesidad de escribir una larga carta. La escribí sin saber bien a quién iba dirigida. Las palabras y el texto me poseyeron violentamente. Luego me tumbé en la cama, rendido, y me quedé dormido.

Y creo que ese día ya me había atrapado la idea de este libro, el fragmento de un sueño impreciso, dividido entre el trauma doloroso que todos hemos sentido alguna vez y el amor más grande, el vestigio de un mundo que debíamos dejar atrás y otro que teníamos que construir.

Quería hacer un libro que contribuyese a construir un mundo en el que cada persona se ame a sí misma.

Antes de que amaneciera en el barrio del Soho, en mi cabeza ya estaba la semilla de este libro, un libro que tenía que escribir poniendo todo mi corazón herido, todo mi ser, todos mis conocimientos adquiridos durante más de quince años de estudio y consulta profesional ayudando a las personas a aprender a amarse a sí mismas, superar sus debilidades y sus dolores para enfocarse en su vida y en sus sueños.

Ese libro que aún no estaba escrito ya revoloteaba sobre mí y pedía paso. Y ahora lo tienes entre las manos.

Con este libro aprenderás a amarte sin condiciones y comprenderás que el amor por ti no depende de las circunstancias externas, sino de ti mismo, y esa poderosa comprensión te llevará a la magia. **El amor por ti es la herramienta mágica para que en tu vida haya más felicidad de la que nunca soñaste, para que puedas vivir el presente con plenitud, para que puedas ser valiente como nunca y hacer realidad tus deseos más auténticos, tus sueños más salvajes.**

Y desde amor por ti, el amor que sientes por los demás se expandirá sin límites y será más verdadero y poderoso, por lo que ayudarás no solo a tus familiares y amigos, sino a todas las personas que entren en contacto contigo.

Una vez descubrí que lo que desde la adolescencia me ha preocupado y atormentado, lo que llenaba mi cabeza de zozobras y ansiedades, era parecido, muchas veces idéntico, a lo que les sucedía a muchísimas personas que me leían.

Muchos de nosotros hemos encontrado en el crecimiento personal y en la conciencia de la Luz un camino de curación y expansión que debe continuar.

Cuando salí del hospital no fue todo tan fácil. Tardé mucho en aceptar lo que me había pasado y mi diagnóstico me llevó a atravesar una depresión silenciosa de la que no fue consciente nadie, ni mi familia ni mis amigos.

Se habla mucho de la depresión, pero muy poco de la depresión silenciosa que algunas personas sí conocen. Es esa en la que vas a trabajar y nadie se da cuenta de lo que sucede dentro de ti, de tus faltas de ganas de vivir, del miedo, de la ansiedad interior y de las pastillas para dormir, de las vueltas en la cama rumiando pensamientos oscuros.

Sin embargo, esa vez había algo diferente: yo sabía que se podía salir de ahí. Sabía que para salir de la depresión silenciosa lo mejor que puedes hacer es volver a amarte a ti mismo. Cuidar de ti. Salvarte como otras veces lo has hecho. Tenía que priorizarme total y absolutamente hasta que me salvara.

Si atraviesas una depresión silenciosa, no dudes ni un segundo que puedes salir de ella. Necesitarás paciencia, perseverancia, esfuerzo y grandes dosis de fe. Imagina que estás en un túnel negro. Si dudas de que el túnel tiene un final y de que allí está la luz, estás perdido. Y ese es el problema de las depresiones más peligrosas: que nos hacen creer que fuera no hay luz.

¡Mentira! Siempre hay luz más allá de la borrasca. No permitas que tu mente te diga que no hay luz más allá de la situación en la que te encuentras. Esa circunstancia, sea la que sea, es tu situación temporal, no la que tendrás en un futuro.

Puedes empezar hoy a crear, pasito a pasito, el futuro que quieres. Y me refiero no solo a la realidad exterior que ansías, sino también a la fortaleza emocional que deseas para tu vida. Yo te voy a ayudar a alcanzar más luz, guía interna y felicidad, con independencia de que te encuentres dentro del túnel o fuera.

Me puse, como un aplicado estudiante, a practicar uno por uno todos los ejercicios que vas a encontrar en este libro, en riguroso orden. Y así fue como, poco a poco, fui recuperando la alegría hasta que, ahora, creo que está empezando la mejor etapa de mi vida.

¡Que empiece una nueva aventura!

La aventura más fascinante que vivirás en tu vida: la del amor por ti mismo.

Sigue por la senda del amor sin importar lo que hagas. En cada actividad, ama.

1 CÓMO PASAR DE LA INCONSCIENCIA A LA CONCIENCIA

El primer paso para alcanzar una autoestima sana y poder ser feliz es tomar conciencia.

Lo que nos ofrece la oportunidad de cambiar es la conciencia, porque no puedes cambiar aquello de lo que no eres consciente.

Hacerte consciente es ver lo que antes no veías.

Por ejemplo: ¿eres consciente de que existe una Inteligencia Infinita mucho más sabia que tú?, ¿eres consciente de cuáles son tus relaciones sanas y cuáles las tóxicas?, ¿eres consciente de cómo estás ayudando al mundo?, ¿y de cuáles son o podrían ser, de forma concreta, tus *hobbies* saludables, los que le hacen bien a tu cuerpo y a tu espíritu, y esos otros no saludables, que le hacen mal a tu cuerpo y a tu espíritu?, ¿eres consciente de si estás caminando hacia la salud o hacia la enfermedad, hacia tus deseos o en dirección opuesta a ellos?

Hacerte consciente es esencial para tu autoestima. Tienes que darte cuenta de tu valor, de que eres un ser humano que merece tanto como los demás. Debes comprender que tienes el poder de crearte una vida digna, sin miedo y que puedes vivir con tranquilidad y hacer mejoras desde la calma.

Recorrer tu propio camino con más conciencia hará que te extravíes menos y le dará más dignidad y significado a tu vida.

Ejercicio

Agradecer cada día es hacerte consciente

1. A lo largo de toda la lectura de este libro, escribe todos los días cinco cosas por las que estés agradecido. Pueden ser cosas grandes o pequeñas.
2. Escribe por qué estás agradecido por cada una de esas cosas. Por ejemplo: «Estoy muy agradecido por tener salud porque de esa manera puedo disfrutar la vida, hacer mi trabajo, ayudar a los demás y ser feliz». O: «Doy gracias por esta persona que me atendió hoy en el banco, Clara; era muy agradable y, aunque estaba desbordada, me miró a los ojos y me ayudó muchísimo».

Podríamos hacer una lista de diez cosas o más, porque siempre hay muchísimas cosas que agradecer, pero con que escribas cinco cada día, y sus porqués, ya avanzarás mucho. Tu atención irá desplazándose de lo negativo a las cosas buenas, lo cual es muy poderoso. Hacerte cada día consciente de las cosas positivas que suceden en tu vida es esencial para ser feliz y mantenerte en esa emoción del agradecimiento.

Hazte consciente de tus posibilidades y de quién eres en realidad

Las personas con autoestima se valoran a sí mismas y son conscientes de sus capacidades. Saben que sí pueden efectuar cambios positivos en su vida.

Observa la diferencia entre: *No puedo* y ***Sí puedo.***

«

¿Cómo te preguntas que si puedes?
Para el que cree, todo es posible.

MARCOS **9:23**

»

¡Lo cambia todo! El sí puedo, cuando llega a salir de manera natural en tu mente, es una ventana abierta hacia lo que quieres. Sí puedo levantarme ahora mismo e ir al gimnasio a entrenar. Sí puedo levantarme ahora mismo y ordenar y limpiar la casa. Sí puedo levantar el teléfono y hacer esa llamada que no me apetece hacer, pero que sé que debo hacer. Sí puedo ser coherente con lo que quiero y actuar en la línea de lo que quiero crear. Sí puedo decir que no, si quiero hacerlo. Sí puedo encontrar un trabajo que me gusta. Sí puedo ganarme bien la vida. Sí puedo aprender a amarme incondicionalmente. Sí puedo ser valiente.

Así pues, pregúntate: **¿Quién soy realmente?** Muchas veces miras tu cuerpo, tus ojos, tus manos, tus brazos, tus piernas, tus pies, tu cabeza, y piensas que tú eres eso: un cuerpo.

Algunas personas piensan que son un cerebro con un cuerpo. Pero tú eres mucho más que eso.

Tu mente es una parte de ti, pero tú **eres un ser que trasciende tu cuerpo y que está conectado a la Infinita Sabiduría de la Vida,** del mismo modo que lo están todos los animales. Cuando cierras los ojos y meditas un rato, estás más cerca de ese Ser Interior que sin duda es lo más auténtico que tienes. Ese Ser Interior no pueden verlo los aparatos de medición por el momento, de la misma forma que los aparatos de medición no pueden ver la Inteligencia Universal que impulsa y une todo lo que existe.

Pero sí puedes sentir ese Ser Interior, y, por supuesto, puedes comunicarte con él. Porque ese Ser Interior, ¡eres tú! Es quien verdaderamente eres: tu esencia.

Tienes dentro de ti una pizca de toda la sabiduría infinita de la vida y, si sigues esa chispa que está dentro de ti, se hace más grande, y cuando logras que esa chispa guíe tu vida, todo empieza a tener más sentido. ¡Y desaparecen todos los límites!

Pero para eso es necesario soltar el control. Y ahí es donde aparecen las resistencias. Muchas veces preferimos hacerle caso a nuestro ego, para ir más seguros, antes que a nuestra Infinita Sabiduría, que nos indica el camino.

Pero al ego lo único que le gusta es competir, compararse, la *falsa* seguridad, los juicios, los problemas, engancharse al pasado...

Es necesario soltar el ego para conectarse al verdadero poder interior que todos tenemos y permitir que sea el amor el que dirija nuestra vida.

¿Imaginas a la Infinita Sabiduría de la Vida, que ha creado el mundo y todo lo que ves, diciendo: «No, qué va, no puedes ponerte en forma ni coger un hábito de ejercicio, estás estancado»? ¡Jamás diría eso! Lo que te diría es: «Tú puedes hacer los cambios que te propongas». Esta es la verdad. Y sabemos que es la verdad porque todos conocemos a gente que SÍ consigue cambiar, que SÍ consigue aprender a amarse a sí misma y a enfocarse en su verdadero propósito de vida.

«

En mi caso, mi parte miedosa mete mucho ruido, pero por lo común es ineficaz —más truenos que relámpagos—, y eso ha hecho que sus planes no me afecten tanto. Siempre que noto que la negatividad y la autocrítica comienzan a hacer demasiado ruido en mi cabeza, siempre que empiezan a acumularse dudas, intento detenerme un momento y llamar a las cosas por su nombre. He estado practicando para dar un paso atrás y dirigirme a mi miedo con familiaridad, sin ofrecerle más que un encogimiento de hombros medio amistoso y unas sencillas palabras:

«Anda, hola. Eres tú otra vez». Gracias por aparecer; por mantenerme en alerta. Pero te veo. No eres ningún monstruo para mí.

MICHELLE OBAMA

»

Ejercicio de reflexión

Haz unas respiraciones profundas con los ojos cerrados mientras te vas relajando. Luego, hazte estas preguntas y escribe las respuestas:

- ¿Qué me impide amarme a mí mismo? ¿A qué le tengo miedo?
- ¿Por qué no confío y no creo que la vida me va a dar todo lo que necesito?
- ¿Cuándo empecé a no confiar en la vida?

Lo que ahora estás intentando comprender es fácil de comprender, pues, de otro modo, nada tendría sentido. Tú, al igual que todos los seres vivos, estás conectado a una sabiduría mucho más grande.

Dentro de ti tienes una parte de esa Infinita Sabiduría de la Vida, porque tú, como todos los seres vivos, formas parte de ella. La planta que se mueve hacia el sol para seguir creciendo, el perrito que es feliz dando un paseo con su dueño, los pajaritos que vuelan en bandadas y atraviesan continentes siguiendo su sabiduría interior no son conscientes. Ellos forman parte de la Infinita Sabiduría de la Vida, pero no pueden darse cuenta de que forman parte de ella.

Ahí es donde está la diferencia contigo. Tú, **como ser humano, eres consciente**, y al ser consciente y libre puedes acercarte a la manera de pensar y de actuar de la Inteligencia Universal o alejarte de ella. Puedes trabajar para establecer un contacto consciente con esa Infinita Sabiduría o puedes vivir distraído, a tu aire, como si fueras un ser aislado.

Ejercicio

Vamos a seguir trabajando tu autoestima. Cuando te mires en el espejo, como mínimo a lo largo de la lectura de este capítulo, puedes hablarte directamente y decirte cosas como esta:

- Te amo tal y como eres en este momento. Eres valioso.
- Lo estás haciendo muy bien.
- Vas a salir siempre adelante.
- Te esperan cosas maravillosas.
- Estás cada vez mejor.

Entonces, ¿es verdad que soy más poderoso de lo que había pensado? La respuesta es SÍ, porque no usamos ni siquiera una pequeñísima parte de nuestro poder.

¿Por qué es necesario entrenar nuestro cerebro en positivo?

Cuando somos niños, jamás se nos ocurriría hablarnos mal a nosotros mismos. Pero, con el tiempo, aprendemos de los mayores a hablarnos mal, a tratarnos mal. Observamos las cosas que se dicen a ellos mismos y entre ellos. Vemos la televisión plagada de insultos. Algunos mayores incluso llegan a decirnos que somos inútiles o tontos o gamberros. Los niños se creen lo que les dicen los mayores.

Y así nos estropeamos, unos más que otros. Porque la sociedad está llena de mensajes negativos y es muy difícil hacerse inmune a esos mensajes. Por eso, cuando somos adultos, tenemos un problema de autoestima que hay que trabajar. Eso es justo lo que estás haciendo ahora: sanar.

> **El amor a uno mismo no tiene nada que ver con el egoísmo. Amarte a ti es sentir un respeto y un aprecio profundos por tu persona, por tu evolución, por tus logros, por tu valía, estés donde estés en este momento. Para ser feliz tienes que amarte y aceptarte.**

Cuando tu inteligencia se conecta a la Inteligencia de la Vida, entonces, te conviertes en alguien realmente poderoso. Estás listo para sacarle el mayor partido a esta vida.

Ejercicio

Para conectar con tu sabiduría interior

Mañana por la mañana, cuando despiertes o tal vez mientras tomas el primer café o té, reserva unos minutos para estar en soledad. Haz cinco respiraciones profundas con los ojos cerrados, luego abre los ojos y responde en tu cuaderno la siguiente pregunta:

- ¿Qué necesito escuchar de ti justo ahora?

Escribe lo que salga de tu interior, permite que fluyan las respuestas... Y luego, si algún problema actual te preocupa, puedes preguntar por **él**: piensa en el problema y llévalo a tu mente. Luego, pregúntate: ¿qué puedo hacer para resolver este problema? Permite que fluyan las respuestas de tu interior...

Puedes hacerlo tan a menudo como quieras. ¡Yo lo hago casi todos los días! Pronto descubrirás que cuando estás en calma salen de tu interior respuestas poderosas, amorosas e inteligentes, que te harán más consciente.

¿Empiezas ya a valorarte? ¡Pues esto no ha hecho más que empezar! Es tan maravilloso ser un ser humano... Piénsalo, date cuenta. ¡Eres el ser más evolucionado del planeta! ¡No hay límites para ti! Y de la misma manera que por ese motivo podemos utilizar nuestro inmenso poder para la destrucción y el caos, también podemos usarlo para la construcción y el amor. ¿Qué quieres elegir?

No eres menos que nadie.
Haber cometido errores no te hace menos valioso.
No hay un ser humano en el mundo que no cometa errores.
Ámate a ti mismo incluso cuando cometes errores.

El amor incondicional a ti mismo supone decir: «Me amo tanto que no importa lo que haga o lo que piense, me voy a amar de todas maneras», lo cual no quiere decir que no quieras mejorar. Sí, quieres mejorar, pero desde el amor incondicional.

Cuando cometas un error, cuando vuelvas a tropezar otra vez en la misma piedra, recuerda: yo también. Y todas las personas que ves también cometen errores, hasta las estrellas del cine que solo ponen fotos glamurosas en Instagram o incluso la gente religiosa.

Hay dos cosas en nuestra esencia: querer mejorar y equivocarnos.

Si no estás dispuesto a amarte a ti y a amar a los demás hasta que los errores se terminen, no amarás nunca, pues siento decirte que vas a estar equivocándote toda la vida.

¿Debe producirte esto intranquilidad? ¡No!

«

En tu peor momento, te amé.

ROMANOS 5:8

»

Las leyes del mundo no las pusimos tú ni yo, sino una Inteligencia mucho más grande que la humana. Me parece un poco arrogante por tu parte juzgar o criticar al mismo universo, ¿no te parece?

Por el contrario, podemos elegir pensar: tiene todo el sentido. ¡Son unas leyes perfectas!

Cada vez que nos equivocamos, tenemos la posibilidad de aprender para equivocarnos menos en adelante.

La vida es un camino hacia delante, una escuela de infinitos aprendizajes, y a medida que superas unas pruebas, llegan otras. ¿Qué prueba o aprendizaje necesitas hacer ahora? Date cuenta.

«

Quien se transforme, transforma el mundo.

DALÁI LAMA

»

Ser consciente es darte cuenta tanto de lo bueno como de lo malo que hay en tu vida, pero no me refiero a ser consciente durante cinco minutos, una etapa, unos meses o una temporada. No. Me refiero a ser consciente cada día de tu vida, a darte cuenta de tu realidad interna y de tu realidad externa a lo largo de toda tu existencia.

Del mismo modo que para tener un jardín cuidado y limpio es necesario invertir tiempo, para quererte y mantenerte en el amor necesitas trabajar en ello, dedicar espacios al autoconocimiento, a hacerte preguntas que hagan que te des cuenta.

Por ejemplo, te pido que abras el cuaderno y respondas a esta pregunta con sinceridad y honestidad: **Si fueras lo bastante valiente, ¿qué decisión tomarías o qué harías que no te has atrevido a hacer?**

«

Tú mismo, tanto como cualquier ser humano,
mereces tu propio amor y afecto.

BUDA

»

Para vencer el miedo hay varias herramientas directamente relacionadas con el amor a uno mismo y la conciencia:

- **Volver al aquí y al ahora.** En el presente los miedos se disuelven, pues normalmente son una proyección que no nos gusta sobre el futuro o el temor a que se dé algo que nos hizo sufrir en el pasado. Las personas que se aman lo suficiente como para no querer sufrir se esfuerzan por vivir el presente, pues saben que viviendo momento a momento la vida es mucho más agradable.

- **Confianza en la vida.** Cuanto más confíes en el proceso de la vida, menos miedo habrá en tu vida. Confiar en la vida implica confiar en ti, porque formas parte de la vida. Y para confiar en ti necesitas amarte y valorarte.
- **Valentía.** Muchas veces el miedo está entre lo que deseamos y nosotros. Es como un río que hay que cruzar para llegar a donde queremos. Y cuando no tenemos mucha confianza, es un acto de amor por nosotros mismos reunir la valentía para cruzar el río y llegar al lugar deseado. Supone decir: «Lo hago. Asumo el riesgo. Voy. Que sea lo que tenga que ser».

«

Creo que siempre vale la pena preguntarse: ¿Tengo miedo porque corro un peligro real o simplemente porque me encuentro ante algo nuevo? No había amenaza alguna, solo novedad.

MICHELLE OBAMA

»

Las personas de la historia que más admiramos, las que han dejado huella en el mundo o en sus familias, han sido valientes. Y si tú no eres valiente, puedes conseguir serlo a fuerza de práctica, como el que practica con el violín.

Vencí mi cobardía practicando la valentía. Tuve que tomar

decisiones que eran difíciles en ese momento. Salí de mi propia cárcel y descubrí que era yo el que tenía las llaves, y que podía haber salido en cualquier momento. Fue muy doloroso aceptar que había perdido años preciosos de mi vida por no ser valiente, pero también sentí la satisfacción de haber despertado a tiempo. Nunca es tarde para despertar. Ahora me siento completamente libre, a todos los niveles. Y desde esta libertad elijo comprometerme con mi propósito y con lo que yo quiero.

Vives en una cárcel cuando el miedo te impide tomar tus propias decisiones.
Vives en una cárcel cuando el miedo te impide ser tú mismo.
Puedes salir de esa cárcel. Definitivamente, puedes.
Y la llave la tiene una persona: tú.

¿Crees que se ama una persona que se impide ser ella misma?, ¿se ama alguien que va en piloto automático y que no lleva las riendas de su vida? La respuesta es no, así que en este capítulo estamos dando pasos muy importantes que necesitas integrar.

Las personas conscientes saben dónde están y hacia dónde se dirigen. Sin embargo, las personas que van por la vida en piloto automático se dejan llevar por las circunstancias cual marionetas.

«

En el minuto en que aprendas a amarte a ti misma,
no querrás ser nadie más que tú.

RIHANNA

»

Para vivir con conciencia necesitas permanecer alerta, lo cual no quiere decir nervioso ni intranquilo, sino CONSCIENTE de lo que sucede dentro de ti y de lo que pasa fuera. Para curarte y arreglar lo que no va bien necesitas darte cuenta de lo que sucede y de qué es lo que lo está provocando. Al mismo tiempo, deberás *pescar* los pensamientos que están contribuyendo a esa situación.

Sé consciente de tus creencias

No da lo mismo que creas una cosa que otra. Tus creencias tienen poder. Empiezan con un pensamiento y, cuando van cogiendo más fuerza, va aumentando su poder, de tal manera que, con el tiempo, comienzan a suceder cosas en tu vida que confirman esa creencia. Por decirlo más claro: **tus creencias crean experiencias que están alineadas con ese conjunto de pensamientos**.

Por eso, cuando una persona va por la vida con muy baja autoestima (con la creencia de que no es valiosa, de que no tiene buena suerte, de que no gusta a los demás), ve pruebas que confirman que no es valiosa y que tiene mala suerte. Por ejemplo, tuve una clienta que tenía tan poca autoestima que se acostaba con el primer hombre que le daba un poco de cariño. Y luego, cuando el hombre pasaba del tema y se iba, ella pensaba: «¿Ves? No valgo nada». Y así ella pensaba que tenía pruebas sólidas que demostraban que tenía razón, y eso les contaba a sus amigas.

Esa experiencia, creada por la creencia, es un hecho, es verdad. Es una experiencia real, concreta, no imaginada. Su creencia había creado una experiencia y esto la llevaba a decir: «¿Ves como siempre me pasa lo mismo?». Sin embargo, la realidad no es que no sea valiosa.

Esa joven desmotivada siguió un proceso de autoestima conmigo. Con trabajo, conseguimos un cambio, y esta joven que no se amaba pasó a creer que en realidad tenía buena suerte, que es digna de amor y que gusta a los demás, y que de verdad puede conseguir lo que se proponga. Esta poderosa creencia hizo que creara una realidad muy distinta. Empezó a atraer a hombres que la valoraban, los que se aprovechaban de ella ni siquiera la miraban y empezó a tener golpes de buena suerte.

Al saber que puedes conseguir lo que te propongas, actuarás de un modo más valiente, y esa valentía te llevará a una vida mucho más plena y con sentido.

¿Todas las creencias tienen el mismo poder? No. No es lo mismo una creencia fuerte, que tiene mucho poder, que débil, que tiene poco.

Por ejemplo, alguien que de verdad cree y confía en el proceso de la vida o en Dios, con muchísima convicción, vive sin miedo, por lo que su fe en la vida o en Dios (su creencia fuerte, su convicción) la lleva a la experiencia de una vida sin miedo, y alguien que cree un poco en Dios, o a veces sí o y otras no, no se beneficiará de tantos privilegios como el del ejemplo anterior.

De la misma manera, **si de veras crees, con muchísima convicción, que eres capaz de hacer realidad tus deseos, esa creencia tan fuerte te llevará a hacer lo que sea necesario**. Pero si un día crees, otro no, o crees a medias, avanzarás un poco, pero no te sucederán tantas cosas mágicas como en el caso anterior.

Ejercicio

Tus verdaderas creencias

Escribe en tu cuaderno, sin juzgarte:

- **¿Qué creencias u opiniones tienes sobre ti mismo?**
- **¿Qué creencias tienes sobre el mundo o la vida?**
- **¿Qué creencias tienes sobre los demás?**

Sobre esta última pregunta, por ejemplo, yo creo desde hace años que la gente es amable en su gran mayoría, que el mundo está lleno de cosas maravillosas y que la vida siempre me da nuevos regalos.

Como resultado de esta creencia, encuentro a gente amable por todas partes, me suceden cosas bellas y sin importar dónde esté siempre aparecen personas valiosas que quieren compartir tiempo y amor conmigo.

Muchas veces nos perdemos a nosotros mismos por hacer lo mismo que el *rebaño*, las normas sociales, lo que se supone que hay que hacer, lo que está bien a ojos de los demás, y cuando queremos darnos cuenta nos hemos desconectado de nuestra esencia.

Para ser feliz y vivir con tranquilidad es necesario comprender que tus necesidades no son las mismas que las de otras personas. No te compares con otros. Tus respuestas están en ti.

Pero tus verdaderas necesidades para ser feliz no las encontrarás en la publicidad que verás por ahí, sino en tu interior. Necesitas detenerte para darte cuenta de qué sientes en tu interior.

Ejercicio

Te propongo ahora un ejercicio de introspección para saber qué *hobbies* cultivar:

---

1. Escribe todos los *hobbies* y cosas que te gustan y que amas o que crees que podrían gustarte o que serías capaz de llegar a amar.
2. Divide la lista en dos: *hobbies* saludables y *hobbies* tóxicos. Obvia decir que los saludables son los que le hacen bien a tu cuerpo, a tu alma y a tu mente, y que los tóxicos son los que intoxican tu cuerpo, como podría ser comida basura, drogas, alcohol, relaciones tóxicas...
3. Toma consciencia sobre cuánto ocupa en tu vida —en términos de diversión— cada uno de ellos.
4. Los que salgan en la lista de *hobbies* saludables serán los que te interese cultivar y los que necesitan estar en agenda cada semana de tu vida.
5. Escribe qué *hobbies* saludables vas a practicar esta semana.

Hay que ser consciente de las luces verdes y de las rojas.

Matthew McConaughey explica en su precioso libro *Greenlights* que **las luces verdes aparecen cuando todo va bien, cuando las cosas marchan**, y que las luces rojas son las que te indican que algo va mal, muy mal en tu vida.

Las luces verdes significan ¡ya!, avanza, sigue, adelante, continúa. En la carretera nos invitan a proseguir. En nuestra vida son una confirmación de nuestro camino. Son aprobaciones, apoyo, elogios, regalos, palmaditas en la espalda y ganas. Son salud, éxito, alegría, nacimiento, dinero, inocencia y nuevos comienzos... Podemos cazar más semáforos en verde si simplemente identificamos dónde están los semáforos en rojo en nuestra vida, y a partir de ahí cambiar de dirección para toparnos menos con ellos.

También podemos ganarnos las luces verdes, construirlas y diseñarlas. Podemos crear más y programarlas en nuestro futuro —un camino con menos resistencia— por medio de la fuerza de voluntad, la dedicación y las decisiones que tomemos. Podemos ser responsables de las luces verdes.[1]

¿Cuáles son tus semáforos en rojo, esas advertencias que te indican que no pases por ahí, que eso no te va a hacer bien, que te des media vuelta y hagas un giro?

A muchos clientes les he hecho esta pregunta para ayudarlos a hacerse más conscientes. Sebastián me dijo: «Tras la tercera copa de vino». Cuando se tomaba su tercera copa ya no podía parar, se transformaba en otra persona y creaba mu-

1 Matthew McConaughey, *Greenlights*, Barcelona, Libros Cúpula (2022).

chos problemas en su familia. Vanessa, otra clienta, me dijo: «Cuando veo que la ira está empezando a subir. Ahí la observo y tengo dos opciones: callarme, respirar hondo e incluso irme de la habitación o empezar una bronca monumental con mi pareja. Quiero tener más autocontrol para la primera opción porque él es muy bueno y no merece que le chille de esa manera».

Con Sebastián trabajé en su adicción al alcohol, un tema muy complejo, como todas las adicciones. Pero logramos que fuera más CONSCIENTE de todas las cosas que estaba quitándole el alcohol y de lo poco o nada que le estaba dando, y **cuando se hizo consciente de verdad, cuando comprendió la trampa tan grande en la que estaba, quiso dejar de beber**. Y yo le ayudé a que lo dejara para siempre.

Por su parte, Vanessa se hizo consciente de que, si no hacía algo importante, esa ira podía seguir descontrolándose y, con el tiempo, no solo amargaría la vida a una persona, sino que se encontraría con un divorcio. «¡Pero yo no quiero divorciarme! ¡Le amo!», me dijo, así que le expliqué:

> **Las personas conscientes riegan el amor todos los días.**
> **Las personas conscientes ponen intención y esfuerzo en mantener la pasión.**
> **Las personas conscientes se preguntan: ¿Cómo podemos seguir construyendo un camino juntos en el que cada vez haya más amor y alegría?**

Aún estoy trabajando con Vanessa sus problemas de ira, que es una adicción como otra cualquiera, pero ya se han reducido mucho esos ataques gracias a que ha puesto un poco más de conciencia. Comprendió que cuando grita y sale fuera de sí no solo no ama al bonachón de su marido, sino que no se ama a sí misma, porque los enfados continuos desestabilizan el organismo y, por supuesto, arruinan nuestro bienestar y felicidad.

Lo que queremos es que haya más luces verdes, y tu poder de influencia en tu vida para que las cosas vayan bien es mucho más grande de lo que puedes imaginar. **Lo más importante para que las cosas vayan bien es apagar el piloto automático con el que vas por la vida** (¡a veces no sabes ni para qué dices sí a lo que en realidad quieres decir no!) y entrar en modo consciente.

Vivir deliberadamente no significa que todo vaya a ser un camino de rosas, pero sí vas a conseguir algo muy importante: que la vida tenga sentido.

Ejercicio

Para hacerte consciente. Un entrenamiento para acceder a tu sabiduría interior y hacerte más consciente en cuatro días

---

El ejercicio que te presento a continuación es muy muy importante y poderoso, así que te pido que lo hagas a plena conciencia.

Lo he hecho con muchísimas personas a las que he ayudado a hacerse conscientes y, sin duda, es el primer paso para amarnos más y mejor a nosotros mismos.

Se divide en **dos partes:** la primera parte consiste en que escribas durante tres días lo que salga de tu interior sin reflexionar demasiado, como una tormenta de ideas, y la segunda parte, ya desde la reflexión, que escribas una serie de conclusiones.

Instrucciones para los tres primeros días:

Repito: No necesitas pensar mucho las respuestas, se trata de que, durante tres días seguidos, permitas que todas las ideas salgan de tu interior... Incluso aunque alguna te parezca disparatada, ¡escríbela! Habrá respuestas que se repitan, pero eso no importa.

Lo mejor es que hagas este ejercicio por la mañana, nada más despertar o mientras desayunas, pero, si no te es posible por la mañana, hazlo por la noche, cuando hayas terminado las actividades del día.

Primero, haz con los ojos cerrados tres respiraciones profundas tratando de llenar el abdomen mientras vas relajando el cuerpo.

Después, abre el cuaderno de crecimiento personal, hazte las siguientes preguntas y completa las frases durante tres días seguidos y sin pensar mucho en las respuestas. Lo ideal es que escribas mínimo tres respuestas a cada pregunta, pero puedes aportar muchas más.

Si escribes rápido y sin pensar demasiado, verás como no tardas más de quince minutos cada día. Es decir, el primer día, en unos diez minutos, das respuesta a todas las preguntas y haces todas las terminaciones de frases. El segundo día, sin mirar las respuestas del día anterior, vuelves a escribir tantos finales y respuestas como se te ocurran. El día tres, lo mismo.

- ¿Qué cosas no van bien en mi vida en general? En mi vida no va bien...
- ¿Qué cosas van bien en mi vida? En mi vida va bien...
- ¿Qué cosas van bien en mi vida, pero quiero que vayan mejor? En mi vida va bien..., pero quiero que vaya mejor...
- ¿Cuáles de mis relaciones más cercanas no van bien? De mis relaciones más cercanas no van bien...
- ¿Cuáles de mis relaciones más cercanas van bien? De mis relaciones cercanas van bien...
- ¿Cuáles de mis relaciones cercanas van bien, pero quiero que vayan mejor? De mis relaciones cercanas van bien, pero quiero que vayan mejor...
- ¿En qué ocasiones o momentos disfruto y soy feliz con mis relaciones más cercanas? Disfruto y soy feliz con mis relaciones más cercanas... (puedes personalizar con nombres concretos si quieres).
- ¿Cuáles de mis relaciones cercanas me producen dolor la mayoría del tiempo? De mis relaciones cercanas me producen dolor la mayor parte del tiempo...
- ¿Con cuáles de mis relaciones cercanas siento que tengo verdadera conexión y sintonía? De mis relaciones cercanas tengo verdadera conexión y sintonía con...
- ¿Qué es lo que creo que yo podría hacer para mejorar algunas de mis relaciones cercanas? Lo que yo podría hacer para mejorar mis relaciones cercanas es...
- ¿Qué cosas no van bien en mi trabajo y en el aspecto económico? En mi trabajo y en el aspecto económico no va bien...

- **¿Qué cosas van bien en mi trabajo y en el aspecto económico? En mi trabajo va bien...**
- **Si yo fuera más consciente, ¿qué cosas podría hacer para que las cosas en el trabajo y en el aspecto económico fueran mejor? Lo que yo podría hacer para que en el trabajo y en el aspecto económico fuera mejor es...**
- **¿Qué cosas no van bien en mi salud y en mis hábitos? Si yo fuera totalmente sincero, admitiría que en mi salud y en mis hábitos no va bien...**
- **¿Qué cosas sí van bien en mi salud y en mis hábitos? En mi salud y en mis hábitos sí va bien...**
- **Si yo fuera más consciente y tuviera voluntad, ¿qué podría hacer para mejorar mi salud y mis hábitos? Si yo fuera más consciente y tuviera más voluntad, para mejorar mi salud y mis hábitos podría...**

Instrucciones para el cuarto día:
¡Enhorabuena! El cuarto día, desde la reflexión y la calma, vas a analizar lo que has escrito. Lee con atención todo lo que has escrito en los tres días anteriores. Habrá cosas que tengan más sentido para ti que otras, algunas que ya sabías y otras que han podido sorprenderte un poco. Una vez que lo hayas leído, reflexiona sobre ellas y escribe cinco conclusiones para responder a la siguiente frase:

- Teniendo en cuenta todo lo que he escrito, si realmente quisiera y pudiera, sería muy positivo para mí que... (escribe todas las conclusiones conscientes que se te ocurran).

También quiero que ese cuarto día, o el quinto, si lo prefieres, reflexiones sobre las conclusiones anteriores y completes la siguiente frase:

- Los beneficios que obtendría si implementara estos cambios serían... (escribe, de forma tan concreta como puedas, todos los beneficios que se te ocurran, tanto en lo que respecta a relaciones como a salud o en el terreno profesional y económico).

Ya que tienes tanta información de cómo podría mejorar tu vida, hazte la siguiente pregunta: **¿Qué es lo que me impide hacer esto que sería bueno para mí?** ¡Desenmascara al boicoteador interno!

Por último, pregúntate: de todo lo que he escrito y he tomado conciencia, **¿qué podría hacer a partir de ahora?** Una de mis clientas respondió: «Decirle cinco veces "te quiero" a lo largo del día a mi pareja y darle dos abrazos diarios de diez segundos». Lo hizo y su relación mejoró muchísimo.

Enhorabuena. Ahora eres más consciente y tú mismo puedes darte cuenta de si has aumentado el amor por ti mismo. Cuando eres más consciente de lo que no quieres, también lo eres de lo que quieres. Dejas de vivir de una forma tan robótica como tantos seres humanos que van por la vida como sonámbulos. Estás preparado para seguir avanzando en el objetivo de este libro: el amor a ti mismo.

Para eso, tenemos que aceptar. Aceptar nuestras luces y sombras, las luces y sombras de los demás y también las cosas que no nos gustan de la vida. Es necesario aceptar las reglas del juego para poder disfrutar del juego, ¿no te parece? **La vida es una escuela en la que has venido a aprender a ser feliz.**

No hay verdadera felicidad sin amor.
El amor verdadero es la felicidad.

¡Vamos a ello!

Afirmaciones para entrenar tu mente

- Desde el punto en el que estoy, aquí y ahora, decido prosperar sin límites.
- Es maravilloso saber que puedo ser cada vez más consciente. Cuando soy consciente, puedo elegir.
- Y ahora elijo abundancia, salud, buenas relaciones con los demás y trabajos que me gusten y me satisfagan.
- Elijo que hoy sea el primer día de la mejor parte de mi vida.
- Elijo el amor y la felicidad como compañeros de viaje.
- Me merezco tanto como los mejores. Puedo lograr tanto como los mejores.
- Puedo ser tan feliz como los mejores. Gracias, Vida, por darme buena salud y hacerme cada vez más consciente de lo importante.

- ♡ Gracias por hacer que a mi vida siempre lleguen hermosos regalos y cosas buenas.
- ♡ Gracias por hacerme consciente del poder de mi agradecimiento.
- ♡ Ahora me enfoco en lo bueno de la vida y las maravillosas posibilidades que plantea.
- ♡ Gracias, gracias, gracias.

2 ACEPTACIÓN PARA DEJAR DE SUFRIR

La aceptación tiene varios niveles que es necesario alcanzar para tener una autoestima sana y poder ser feliz en esta vida.

El primer nivel, el más básico, es la aceptación de ti mismo tal y como eres aquí y ahora, amándote así, ya, en este momento, con tus virtudes y tus imperfecciones, con tus caídas y tropiezos, con tus heridas, con tus faltas, con tus equivocaciones y tus aciertos. Eres un ser humano y tienes un potencial de mejora gigante, es cierto, pero, si te frustras por no hacerlo todo perfecto y no ser un superhéroe, pasarás frustrado toda la vida y, peor aún, no te amarás nunca. Es como si pretendieras hacer el trabajo de toda la vida en un día y no estuvieras dispuesto a amarte hasta que el trabajo no estuviera terminado. No tendría sentido, ¿verdad?

«

Nadie es perfecto, yo no creo en la perfección. Pero sí creo en decir "esta soy yo y estoy orgullosa de no ser perfecta".

KATE WINSLET

»

El segundo nivel es aceptar a los demás, pues de otro modo no es posible construir relaciones sanas. Cuántas veces se nos olvida que del mismo modo que nosotros cometemos errores, los demás hacen lo propio, aunque no caigan en las mismas equivocaciones que nosotros. Nos vemos apuntando a alguien con el dedo acusador, rojos de ira y faltos de toda compasión.

Demasiado a menudo olvidamos que, si nosotros tenemos sombras, los demás también. En este capítulo **tendremos que aceptar y agradecer no solo las virtudes de nuestra pareja y relaciones más importantes, sino también sus defectos**, para dejar de luchar contra ellos y permitir que los demás sean ellos mismos y sigan su propio camino evolutivo a su ritmo. Porque nunca olvides esto:

> **No puedes cambiar a nadie. Solo te puedes cambiar a ti mismo.**
> **No puedes salvar a nadie. Solo te puedes salvar a ti mismo.**
> **La mejor forma que tienes para inspirar a los demás al cambio es convirtiéndote tú en un ejemplo y en el propio cambio.**

El tercer nivel de la aceptación para una autoestima sana, y quizá el más importante, es comprender y aceptar las reglas de la vida, cómo funciona el universo y cuáles son sus leyes; comprenderás por qué tenemos retos y desafíos constantemente, los motivos por lo que son necesarios y positivos, y por fin sentirás paz interior ante la pérdida. No me refiero solo ante la muerte de alguien a quien querías, sino la pérdida en un sentido más amplio. Este nivel supone afirmar:

> **Digo sí a la vida tal y como es, y confío, aunque haya cosas que ahora no entienda.**

Este tercer nivel es tan importante para vivir con paz interior que le he dedicado un capítulo independiente.

La aceptación de uno mismo para ser feliz

Trabajé en sesiones con Esperanza, una mujer dulce, inteligente, espectacularmente guapa, que al hablarse a sí misma decía cosas como esta: «No me gusto», «Estoy vieja», «Estoy fea», etc.

¡Y tenía cuarenta años! Se comparaba constantemente con chicas más jóvenes que ella y pensaba que las jóvenes eran guapas y ella no, que ellas merecían mejores oportunidades, que era tarde para ella para algunas cosas. Yo me quedaba escuchándola con los ojos abiertos como platos, sin pestañear, pues no creía lo que estaba escuchando. Doy mi palabra de que Esperanza no solo es muy hermosa, con su tez blanca suave, el pelo rubio y su sonrisa, llena de luz y amor, sino que además tiene una elegancia natural admirable para todo el que la mira.

Pero por más que yo se lo decía, «eres especial», «eres elegante», «eres impresionante», «tú estás en la flor de la vida», «eres joven», «eres muy guapa», ella no lo aceptaba ni se lo creía. ¡Pensaba que le estaba mintiendo! Tenía instaladas dentro de su subconsciente creencias que le decían todo lo contrario, «no eres valiosa», y esas creencias tenían más fuerza que su parte consciente, que lo que veían sus ojos.

Desde esa falta de amor a sí misma había soportado el abuso de varios hombres que no la habían tratado como ella merecía. Y como estaba llena de miedos, le costaba mucho abandonar esas relaciones, así que algunas se habían alargado durante años. Eran relaciones que Esperanza atraía desde la falta de amor a sí misma. Si se hubiera querido más, esos hombres ni se hubieran fijado en ella.

Poco a poco fue trabajando en quererse a sí misma y en la aceptación de su persona con amor. Le expliqué la importancia de cuidar el diálogo interior, esas palabras que te dices a ti misma y que pueden hacerte mucho bien o mucho daño. Trabajamos con muchas afirmaciones positivas y fue cambiando el disco interno que tenía; así consiguió atraer cosas mejores.

Cada vez que escucho a alguien decirse algo horrible a sí mismo lo paso mal porque veo que esa persona no es consciente del daño que se está haciendo. Por eso ahora te digo:

> **¡Basta! ¡Es necesario dejar toda esa negatividad atrás! ¡Es necesario que empieces a quererte y a mirar por ti! El tiempo pasa. ¿Cuándo vas a**

empezarte a hablar bien, con amor, con cariño, con respeto?

Aceptarte a ti mismo en este momento, tal y como eres, es un acto de amor, porque definitivamente... **Eres un ser valioso. Y si te niegas ese valor, no solo te estás faltando a ti, sino también a la vida, que es la que te ha creado.**

¿Qué es la aceptación?

Es importante aclarar este punto, porque algunas personas confunden aceptación con conformismo, y no tiene nada que ver.

Las personas que se aceptan tienen una autoestima sana y son más felices. Las personas que no se aceptan y que no aceptan las cosas tal y como son ahora tienen una autoestima insana y sufren, pues se están resistiendo a lo que ya es ahora.

La aceptación, para que entendamos lo importante que es para nuestra autoestima, es tomar la decisión de amarnos tal y como somos en este momento a lo largo de toda nuestra vida, incluso cuando metemos la pata o cometemos errores.

«

La peor soledad es no sentirse cómodo con uno mismo.

MARK TWAIN

»

Por el contrario, puedes llegar a sentir compasión por ti mismo al comprender que estás en este mundo intentando crecer, intentando ser feliz, y que mereces un respeto por eso. Puedes ser más compasivo contigo mismo si te dedicas una mirada de pura aceptación.

Se trata de amarte también cuando la ira te atrapa, cuando caes en tus hábitos insanos, cuando vuelves a caer en los brazos de esa persona que sabes que no te hace bien, también con estos kilos de más, con este cuerpo que no es el que quieres en este momento.

Tu propia aceptación supone aceptarte así, tal como eres, porque reconoces el hecho de que, si has venido a este mundo, es porque tienes derecho a VIVIR. Tienes el mismo derecho a hacer tu vida que tienen todas las personas, el mismo derecho a realizarte, el mismo derecho a tomar tus propias decisiones.

Angel-A es una hermosísima película dirigida por Luc Besson en la que André, un hombre angustiado por las deudas, decide tirarse al río Sena en París para acabar con el dolor. Pero cuando va a dar el paso se encuentra con Angela, una mujer espectacular que está en la misma situación que él. André no duda en salvar a esa desconocida. Y así se inicia una relación muy bella entre ambos de ayuda recíproca. En esta secuencia preciosa ambos están delante del espejo y ella le ayuda a amarse a sí mismo:

—Mira en el espejo, ¿qué ves? —le dice ella—. Mira con atención, frente a ti. ¿Hay algo que te llame la atención en este bello rostro?

A André le cuesta muchísimo decirse cosas bonitas. ¡La escena es preciosa! Y como él no es capaz de decirse que se quiere, ella le explica a qué se debe:

> **ÁNGELA: ¿Sabes por qué? Porque nunca nadie te lo dijo a ti. ¿No es verdad? Es difícil amarse a uno mismo cuando uno no se siente amado. Te amo, André. ¿Lo ves? Recibiste amor. Ahora puedes darlo. Vamos...**
> **André: Te amo, Ángela.**
> **ÁNGELA: Es cierto. Dilo otra vez, sin mi nombre.**
> **André: Te amo.**
> **ÁNGELA: Eso es. Ahora mírate a ti a los ojos y dilo.**
> **André: No puedo.**
> **ÁNGELA: Claro que puedes.**
> **André: Mira tu cuerpo, abatido por la falta de amor y confianza... ¿No ves que merece un poco de cuidado? No rechaces tu cuerpo herido. Hace mucho que sufre en silencio. Dile a tu cuerpo lo importante que es, el valor que tiene. Dale lo que merece.**

En este momento decisivo, tan conmovedor, André hace algo que no había hecho en su vida. Mirándose a los ojos, por fin, es capaz de decirse a sí mismo: «Te amo, André, te amo».

Ejercicio

Cada mañana, delante del espejo, desnudo/a, mírate a los ojos y afirma entre tres y cinco veces:

«Me amo, soy valioso y me acepto tal y como soy de forma incondicional. Suelto los miedos y apegos y decido quererme ahora. Tengo derecho a lo bueno tanto como lo tienen otros».

Haz este ejercicio mínimo durante una, dos o tres semanas. Es un ejercicio muy sencillo, pero sus resultados son espectaculares.

Conozco gente a la que le cuesta mucho trabajo decírselo, pero, en ese caso, sé paciente contigo mismo. Si te entran ganas de llorar, llora. Solo significaría que has estado tanto tiempo diciéndote cosas negativas que tu niño interior está dando saltos de alegría.

No tengo ni idea de en qué momento dejamos de aceptarnos a nosotros mismos o empezamos a hablarnos mal, pero, si os fijáis, de niños, antes de estropearnos, no nos machacábamos.

Ejercicio

Observa tu diálogo interior

¿Qué me digo yo normalmente?, ¿me digo palabras de amor y de compasión o me digo cosas feas que demuestran que no me amo?

Sé consciente de tu diálogo interno y, cada vez que te des cuenta de que te lleva a una falta de amor a ti mismo, lo transformas en su opuesto. Supón que te descubres diciendo «soy un inútil» o «todos son mejores que yo»; ahí te detienes y lo transformas: «Soy valioso, valgo muchísimo, soy tan bueno y valioso como los mejores».

Lo que te propongo es que hagas un pacto contigo mismo en el que, a partir de ahora, seas tu mejor amigo para siempre. ¡Me gustaría que formes un gran equipo **contigo mismo!** Porque si formas un gran equipo contigo mismo, el universo se unirá y hará su parte del trabajo, así que nada ni nadie va a poder evitar que tengas una vida plena y feliz.

«

Nos dicen que, si somos bonitas, si somos delgadas, exitosas, famosas, si encajamos, si todos nos aman, entonces seremos felices. Pero eso no es cierto.

El viaje más importante que todos haremos
es el viaje dentro de nosotros. Encontrar nuestra verdad,
encontrar quiénes somos y qué nos hace felices.

CARA DELEVIGNE

»

Cuando las personas con autoestima se equivocan o cometen errores, no se hablan mal a sí mismas, simplemente se dicen: «¿Cómo puedo hacerlo mejor la próxima vez?».

Ahora vamos a seguir trabajando la aceptación de ti mismo, es decir, vamos a seguir aumentando tu autoestima. Haremos un poderoso ejercicio que te hará alcanzar mucha más claridad sobre tus cualidades, tus dones y también sobre tus debilidades.

«

Llevo un tiempo intentando concederme por las mañanas
un comienzo deliberadamente amable: de forma consciente
e intencionada, atrapo ese primer pensamiento
de autorreproche o con tintes negativos que me viene
a la cabeza y lo aparto a un lado. Después invito a un segundo
pensamiento más positivo, más tierno, algo meditado
y bondadoso conmigo.

MICHELLE OBAMA

»

Pero antes debes entender algo: aunque tenemos defectos que mejorar, a veces creemos que es un defecto algo que simplemente forma parte de nuestra forma de ser, de nuestra esencia. Te daré algunos ejemplos.

Muchos hombres y mujeres homosexuales que han tenido y tienen problemas de aceptación de sí mismos saben de lo que hablo. Te rechazas a ti mismo, te haces mucho daño simplemente porque no encajas en lo que la sociedad consideraba normal y correcto.

> **Lo normal y correcto es ser tú mismo.**
> **Lo anormal e incorrecto es que dejes de ser tú mismo por miedo a no ser aceptado.**
> **Dejar de ser tú mismo perjudica seriamente tu salud física y mental.**

Graba esto en tu mente por favor: **¡Que los demás digan lo que quieran! ¡Tú tienes que hacer tu vida! ¿Comprendes?**

Michelle Obama cuenta cómo en su familia tuvieron que tratar con la diferencia desde siempre: su padre tenía una enfermedad llamada «esclerosis múltiple» que le hizo ir primero con muletas, luego en silla de ruedas..., pero siempre lo llevó con orgullo y con la cabeza bien alta. Lee lo que escribe en su maravilloso libro *Con luz propia* (2022):

> Mi padre, cuyos temblores y visible cojera a veces hacían que la gente se parase a mirarlo por la calle, solía decirnos, con

una sonrisa y un encogimiento de hombros: «Nadie puede hacerte sentir mal si te sientes bien contigo mismo».

¿Te das cuenta? Hay gente que incluso, pese a su enfermedad, permanece centrada. Hay mucho sufrimiento en la mirada de los demás ante la diferencia. Muchos de nosotros hemos sufrido de pequeños por ser diferentes, por tener sobrepeso, porque no se nos daban bien los deportes o por mil cosas más que hacían que los demás nos marginaran. Pero con una buena autoestima nada de eso puede tocarte, tampoco comentarios tóxicos en redes sociales.

El amor propio te hace inmune y te protege de la crueldad o de la inconsciencia de los demás.

El mayor daño te lo haces cuando no te permites ser tú mismo. Y esto tiene mucho que ver con la aceptación.

Porque si tú vas en contra de ti mismo, el mundo va a ir contra ti. Y muchas veces no nos aceptamos a nosotros mismos. Tardé mucho tiempo en aceptarme, no aceptaba mi homosexualidad, no aceptaba cómo era, no aceptaba mi propósito de vida... Tan poco me quería que yo me quería cambiar por cualquier otra persona cuando estaba en el colegio.

A Michelle Obama, las burlas y risas que recibió en la universidad por ser mujer y negra en unos tiempos en los que el racismo campaba a sus anchas la hicieron ser consciente de que no debía esconder quien era, sino mostrarse orgullosa de ello. Es una lección que todos debemos aprender, pues si hay algo que podemos controlar es cómo dejamos que nos afecten los juicios y las actitudes negativas de los demás.

Si quieres algo, tienes que verte a ti mismo como capaz de conseguir ese algo.
Es mucho más importante cómo te ves tú a ti mismo que cómo te ven los demás.
Los demás te verán de mil formas diferentes, pero lo definitivo para tu autoestima y tu felicidad será cómo te ves a ti.

Ejercicio

¿Cuáles son tus defectos o debilidades y tus fortalezas?

Ahora vas a escribir con mucha sinceridad los que consideras que son tus defectos o debilidades, aunque luego evaluarás si es una debilidad o una virtud, porque he visto en muchos clientes que lo que creían que era una debilidad en realidad conformaba uno de sus dones de los que podían sentirse orgullosos. También escribirás tus fortalezas, pues también necesitas aceptarlas.

Escribe tu propia lista de lo que consideras tus debilidades o tus defectos. Ejemplo: cabezota, falta de autoestima, me enfado mucho, no tengo disciplina, soy feo, soy tímido, estoy gordo..., lo que se te ocurra y que creas que es negativo sobre tu persona.

Escribe tu propia lista de lo que consideras tus fortalezas, tus cualidades, tus creencias poderosas, tus dones o rasgos positivos. Incluye en esta lista todo lo que se te ocurra que sea positivo sobre ti.

Pregunta a una, dos o incluso tres personas de tu confianza —que sepas que te quieren de verdad—, por mensaje o de viva voz, cuáles consideran que son tres de tus fortalezas o cualidades positivas y cuáles son tres de tus debilidades o defectos. Diles que estás haciendo un proceso de crecimiento personal de un libro de Curro Cañete y que, por favor, sean sinceros: solo quieres saber las que, según ellos, son tus cualidades y debilidades más destacadas. Apunta esas respuestas en otra lista.

Compara las dos listas y saca tus propias conclusiones sobre tus fortalezas y debilidades. Ten en cuenta que lo que digan es solo su opinión; no quiere decir que sea la verdad, pero está bien que tengamos sobre el papel esa información para cotejarla con lo que tú considerabas sobre ti mismo.

Una vez que tengas tus conclusiones, detente en cada una de las fortalezas y dones, y pregúntate: **¿Qué puedo dar yo a la vida con este don o esta fortaleza?** Tus respuestas te proporcionarán información sobre lo muchísimo que puedes aportar a los demás y a la vida.

Ahora detente en tus debilidades y pregúntate: **¿cuál de estas debilidades podría ser una virtud?, ¿de cuál de estos defectos, si lo viera de otra manera, podría llegar a estar orgulloso?** Revisa así tu lista definitiva de defectos y debilidades, y tal vez quieras convertir alguna de ellas en virtud, entendiendo por tal un rasgo natural de tu esencia y tu carácter.

Haz una lista definitiva de debilidades que solo incluyan las que no creas que son virtudes, sino rasgos que te perjudican para crear la vida que tú quieres. Con los rasgos negativos que queden en la lista, pregúntate: ¿cuáles pueden ser las consecuencias si no cambio este aspecto de mi ser? Date cuenta. Y decide cuál de esos aspectos es más importante que empieces a trabajar cuanto antes. ¡Por supuesto que podrás transformarlo! **Fíjate un plan de acción que sea factible y que veas que puedes cumplir, y empieza por ahí.** No hay prisa, pero tampoco pausa para mejorarnos a nosotros mismos. El camino es infinito. Recuerda:

Tenemos la capacidad de cambiar nuestra vida y a nosotros mismos, en la medida que queramos, hasta transformarnos por completo. No hay límites salvo los que tú te pongas a ti mismo.

Aceptación de los demás

Hemos visto que la aceptación de ti mismo supone aceptarte con tus luces y tus sombras, pero ahora toca comprender que la vida es como un espejo que a veces te pone delante lo que tú no quieres aceptar. Por eso muchas veces, cuando te molesta algo de los demás, es porque no estás aceptando algo de ti mismo. Muchas veces me han dicho en consulta: «Esta persona que tengo alrededor es tóxica». Y yo he tratado de que la persona que tenía delante fuera consciente de que ella también emitía toxicidad en algunas ocasiones.

Cuando no aceptas, luchas y te enfadas. Lo que te enfada te domina. Y cuanto más cerrada tengas la mente, más te enfadarás. Cuanto más te enfadas, menos te quieres.

Muchas veces queremos entender las cosas y, cuando no entendemos, no aceptamos. Empiezas a salir con un chico que te encanta, la relación se rompe, te enfadas porque no entiendes por qué se ha ido. Otras veces no entiendes la actitud de un amigo y te enfadas. Otras, te enfada el sistema. Otras la actuación de desconocidos. Otras lo que escriben en redes sociales. Otras lo que te dice tu pareja.

A veces te enfada lo que no entiendes. Pero claro, lo que nuestra mente va a ser capaz de entender depende de cómo de desarrollada esté, cómo de evolucionada esté, y también influyen otros factores, como los padres que has tenido, la cultura en la que has crecido, los profesores que te enseñaron de niño, tus amigos...

Según lo abierta que esté tu mente, vas a entender más cosas o menos cosas.
Si tu mente está muy abierta, comprenderás más. Y no hay límites para tu expansión.

Algunas personas no reconocen que eso que les molesta tanto tiene una información valiosa sobre ellos mismos. ¿Te has dado cuenta de que cuando ves algo que no tiene nada que ver contigo te da exactamente igual?, ¿te has dado cuenta de que ciertas cosas que a ti te afectan mucho a otro de tus amigos no les afectan en absoluto? **La clave de tu evolución personal y de tu felicidad va a estar dentro de ti mismo y de lo que percibas tú.**

Cuando yo era un estudiante que se iniciaba en estos temas, hace años, fui a un taller de crecimiento personal de una persona muy espiritual que me dijo que cuando alguien me llamara «Currito» me estaba haciendo pequeño y me quitaba mi poder. Desde aquel día yo empecé a sentirme molesto cada vez que alguien me escribía en un wasap «Currito». Incluso en redes sociales corregía a la persona y le decía que no me llamara así. Hasta que comprendí que, por mucho que consiguiera que tal o cual persona no me llamara así, podría venir otra que volviera a llamarme «Currito». Y también comprendí que lo que me había dicho la profesora espiritual no era cierto, pues llegué a saber que...

Nada ni nadie allí fuera puede quitarte tu poder.
Tu poder está dentro de ti.
Elige quién quieres ser y lo serás.
No cedas tu poder a nadie y serás... imparable.

Cuando integré en todas mis células esta verdad, pude escribir *El poder de confiar en ti,* uno de los libros más exitosos de crecimiento personal de todos los tiempos.

Y ahora, como comprenderás, me da lo mismo que alguien me llame «Currito». Por supuesto, si me preguntan, diré: «Llámame mejor Curro». Pero ni mucho menos porque vaya a quitarme el poder (que me pertenece solo a mí) ni porque yo vaya a enfadarme, sino porque Curro es mi nombre y me gusta más que el diminutivo. ¡También llamo por su nombre a los niños! Lo más mágico de todo es que desde que dejó de molestarme, prácticamente nadie me ha llamado así.

Cuando algo te moleste mucho es una oportunidad para preguntarte: ¿Qué hay en mí que hace que esto me moleste tanto? ¿A qué le estoy dando mi poder?

Llegados a este punto, ya estás listo para aceptar a los demás tal y como son, algo que es imprescindible para tu autoestima, tu paz interior y tu felicidad.

»

Las cinco libertades de Virginia Satir

1. La libertad de ver y escuchar lo que está aquí, en lugar de lo que debería estar, estuvo o estará.
2. La libertad de decir lo que se quiere y se piensa, en lugar de lo que se debería sentir y pensar.
3. La libertad de sentir lo que se siente, en lugar de lo que debería sentirse.

4. La libertad de pedir lo que se quiere,
en lugar de tener que esperar para pedir siempre el permiso.
5. La libertad para arriesgarse por cuenta propia,
en lugar de optar únicamente por estar seguro
y no perturbar la tranquilidad.

»

Todo, absolutamente todo lo que has estado trabajando para aceptarte a ti mismo, te puede ser útil para aceptar a los demás.

Será muy importante para tu felicidad que aceptes a las personas que forman tus relaciones más importantes, para que no te pases toda la vida intentando cambiar lo que no tienes ningún derecho a cambiar, y encima enfadándote con ello.

Pero también es importante que lleguemos a querer y apreciar y a sentir un aprecio profundo por los desconocidos, por las personas que te cruzas e incluso por quienes viven en otros países y lugares.

Hay una palabra que se usa en la India que me encanta: *namasté.* Significa «mi alma saluda a la tuya». Y puedes decirlo o sentirlo cada vez que te cruzas con una persona. Es una forma de respetar la esencia de cada ser humano, de no minusvalorar a nadie, de respetar a todo el mundo por el hecho de existir, incluso cuando hacen o dicen cosas que no entiendes.

Mi sobrina María Medina Cañete dio un salto cuántico en este sentido. Cuando tenía veinte años ya era igual de maravillosa que ahora, pero se pasaba largos ratos discutiendo e incluso se encendía cuando algunas personas no veían las cosas de la misma manera que ella. Se enganchaba a sus pensamientos, pero fue realmente alucinante cómo, más o menos a los veinticinco años, se transformó a sí misma y empezó a tomarse con humor y respeto todas esas diferencias. Yo vi esa transformación y me quedé a cuadros, al mismo tiempo que muy contento, porque era la prueba de que podemos cambiar cualquier aspecto nuestro si queremos y nos lo proponemos.

Recuerdo una vez que me contó que en su anterior trabajo había algunas personas de ideología política totalmente contraria a la suya, pero que se llevaba genial con ellas, iban a jugar al pádel e incluso desayunaban y reían muchas veces juntos. Me pareció tan bonito ese logro...

—¿Cómo lo has conseguido? —le pregunté.

—Porque ahora soy capaz de ver lo que hay detrás de la persona, veo su esencia, eso que está debajo de todas las creencias y capas de cebolla —me dijo mi sobrina, que es encantadora y muy sabia, y que lleva trabajando en su autoestima mucho tiempo.

La decisión es tuya: ¿Quieres seguir apegado a tus creencias, enfadándote, aplastando y minusvalorando cada vez que te encuentres a alguien que piense distinto o quieres convertirte en una persona que permite a los demás ser ellos mismos?

Para saber si permites a los demás ser ellos mismos tienes que mirar tu interior: si se despiertan emociones negativas ante lo que hace o dice tal y cual, y te revuelves por dentro, estás emitiendo energía negativa, así que no permites. Si eres capaz de sentirte bien cuando otros dicen u opinan cosas diferentes a la tuya, estás permitiendo *ser* y significa que has evolucionado mucho. Y la buena noticia es que estás atrayendo cosas mejores gracias a ser tolerante.

La aceptación de los demás supone ver también la sombra de los demás y aceptarla, lo cual no quiere decir que tengas que compartir con esa persona lo que no quieres. Pero sí supone que dejas de luchar, en el sentido de sufrir y pasarlo mal, contra las cosas que no te gustan de los demás.

La aceptación de la forma de ser de tus relaciones más importantes

Cuando tuve mi primera pareja, me pasé un año entero luchando para que cambiara algunos aspectos de su ser. ¡Fue totalmente infructuoso! ¡Mis resultados fueron nulos! Y lo que es peor: no entiendo cómo pude ser tan manipulador, con lo bueno, noble y cariñoso que era Chico de Ojos Azules.

Si quieres construir y tener relaciones sanas con la gente que amas y que está en tu vida, ¿cómo de importante crees que es ser consciente de las debilidades de las personas que queremos y aceptarlas?

Cuando comprendas lo importante que es, estarás dispuesto a dar un paso más en tu aceptación de la forma de ser de tus relaciones más importantes y serás mucho más feliz, puesto que no puedes ser feliz cuando te resistes a lo que es.

Es muy bueno aceptar las debilidades de nuestros amigos,

de nuestros familiares, y, por supuesto, de nuestra pareja. Sacarlo todo a la luz, por escrito.

Ojo, de la misma manera que descubriste que en tus defectos había algunas virtudes encubiertas, tal vez lo que tú consideras un defecto de tu hermana no lo es, pero no importa, lo importante es que saques a la luz lo que tú crees que lo es (desde tu perspectiva).

Mi gran amigo Jose Bravo Martín es una de las mejores personas que conozco y me ha demostrado ser un amigo de verdad a lo largo de más de veinte años, así que mi confianza en él es total y absoluta. Sin embargo, a él no le gusta planificar tanto como a mí, o al menos no con tanta antelación. Debido a mi agenda, llena de viajes y compromisos profesionales, mi planificación de lo personal es necesaria para mi tranquilidad y organización.

A mí me gustan mucho las personas que pasan a la acción, y Jose es una de ellas. Pasa a la acción y por eso hemos podido disfrutar a lo largo de estos años de viajes, salidas, excursiones, cenas, encuentros con amigos, de todo... Eso sí, es capaz de avisarme el día antes para una cena, para una ruta, para lo que sea, ¡o incluso treinta minutos antes!

Hace años estuve tentado de convencerle para que cambiara, hasta que comprendí que él es maravilloso tal y como es, y que él en realidad me ayuda a que yo no sea tan rígido con la planificación y tenga esa oportunidad para flexibilizarme en mis preferencias. Comprendí además que él es tan bueno que está muy demandado en sus relaciones sociales, así que, si lo planificara todo, no tendría ni un minuto libre.

Entregué a la vida esta pequeña diferencia: Vida, dejo en tus manos este asunto y te pido que Jose y yo podamos seguir haciendo juntos muchísimas cosas.

Me quito todo el mérito en este logro: era fácil pasar por alto a Jose esta pequeña diferencia, porque es un ángel hecho de generosidad y virtudes, como sabe todo el que le conoce.

Pero lo que quería contar es que fue milagroso entregarlo a la vida y dejar de molestarme: los astros se alinean para que podamos vernos todas las semanas, ¡todas!, y no necesitamos planificar tanto como yo pensaba. Y ahora, a veces, Jose me sorprende con planificación. Ayer me escribió y me dijo: «Resérvate la noche del 23 de diciembre. Es una sorpresa». Fui corriendo a ponerlo en naranja en mi calendario. ¡Y aún faltan dos semanas! Nuestra amistad sigue expandiéndose cada vez más, porque los dos tenemos la intención de amarnos cada vez más, y el amor es más poderoso que la planificación o esas pequeñas diferencias.

Sin embargo, hay veces en que las debilidades de las personas que queremos son más serias o problemáticas.

Por ejemplo, tengo una clienta que ama con todas sus fuerzas a su novio, pero el novio cada vez que bebe dos cervezas se vuelve loco, no puede parar de beber hasta que se cae al suelo, desaparece, corta el móvil y llega a casa a veces un día más tarde sin poder acertar cómo meter la llave por el hueco de la puerta. Le ha prometido mil veces que va a cambiar y dejar el alcohol, pero, hasta ahora, siempre vuelve a caer en lo mismo. Yo le dije una frase de Lewis Carrol: **«No puedes ir complaciendo a otros. La decisión es completamente tuya»**.

Ella tenía que aceptar que su novio tenía este *problema* y que no sabemos si lo iba a solucionar. El riesgo era totalmente suyo.

> **Tú tienes que decidir qué riesgos asumes en tu vida y hasta cuándo.**
> **Tú tienes derecho a decidir con quién compartes tu vida.**
> **Que dejes de compartir tu vida con alguien no significa que dejes de querer a alguien.**
> **Puede ser un acto de amor por ti alejarte de una persona que te hace daño.**

Las personas que se aceptan a sí mismas y que tienen una buena autoestima no se muestran hiperexigentes con quienes tienen al lado ni con los demás seres humanos, pues también tienen la capacidad de aceptar a los demás tal y como son.

Muchas parejas se pasan la vida discutiendo y es porque no han aceptado sus debilidades. Y muchas personas se enfadan continuamente con sus amigos porque no entienden cuáles son sus debilidades o qué regalos tienen sus amigos para ofrecerles.

En todos los casos, es mejor aceptar. Significa que tenemos opciones:

a. Aceptar a esa persona tal y como es, con sus luces y sus sombras, y decidir compartir con ella lo que consideremos.

b. Aceptar a esa persona tal y como es, pero decidir no seguir compartiendo nuestro camino de vida con ella, simplemente porque no somos compatibles en este momento.

Ejercicio

Vas a hacer una lista de las debilidades de tus relaciones más importantes, tanto familiares como de amigos o de pareja. Con que escojas a las cinco personas más importantes estará bien por el momento. Siempre puedes ampliar la lista.

Aceptación de las luces y sombras de tu pareja (si la tienes).

Hay personas que se pasan cincuenta **años frustradas y enfadadas porque su pareja no es como a ellas les gustaría. Esa frustración debe terminar.**

Elabora una lista de los que consideras defectos o incompatibilidades que piensas que tiene tu pareja. Una vez que tienes lo que clasificas como debilidades de tu pareja, pregúntate: «Si esta persona no cambiara este aspecto jamás, ¿querría tener una relación con ella?». En el caso de que la respuesta sea sí, es muy bueno que vayas a esa lista y, debilidad por "debilidad", afirmes: «Acepto este rasgo de esta persona para siempre y la quiero».

Por supuesto, las personas pueden cambiar, pero eso no va a depender de ti y es posible que no cambie nunca. Entonces es importante saber, en un ejercicio de sinceridad, si aunque no cambiara ese aspecto o esos aspectos que no te gustan estarías dispuesto a amarle y a aceptarle tal y como es y a compartir tu vida con esa persona. De ese modo, cada vez que salga a la luz la debilidad, su sombra, te acordarás de que la has aceptado y te ahorrarás perder mucha energía luchando, peleando contra algo que no depende de ti. Incluso si en este momento no eres capaz de entender ese comportamiento podrás enfocarlo de otra manera, de una forma más práctica y también más amorosa.

Aceptación de tus relaciones más importantes

Haz ahora la lista de lo que consideras defectos de tus familiares o amigos; en definitiva, de tus relaciones más cercanas. Vamos a hacer consciente qué es lo que te enfada o te molesta de todos ellos. Lo que tú consideras su sombra. Guarda especial atención a alguna relación conflictiva.

A veces podemos compartir con alguien algunas cosas, pero no es sano compartir otras. Hay que saber también qué es lo que nos quiere y puede ofrecer la otra persona.

Voy a ir concluyendo este apartado sobre la aceptación de uno mismo y de los demás con un texto hermosísimo de Fritz Perls:

«

Yo soy yo.

Tú eres tú.

Yo no estoy en este mundo para cumplir tus expectativas.

Tú no estás en este mundo para cumplir las mías.

Tú eres tú.
Yo soy yo.
Si en algún punto nos encontramos, será maravilloso.
Si no, no puede remediarse.
Falto de amor a mí mismo cuando,
en el intento de complacerte, me traiciono.
Falto de amor a ti cuando intento que seas como yo quiero
en vez de aceptarte como realmente eres.
Tú eres tú, yo soy yo.
»

Es precioso porque nos lleva a entender que cada persona es un mundo, es un universo, tú eres un universo, pero si tú no te aceptas a ti mismo, vas a estar en lucha, falto de amor.

Y ahora es necesario aprender algo muy importante: aceptar cuáles son las reglas del juego de la vida para empezar a fluir. ¡Vamos al siguiente capítulo!

Afirmaciones para entrenar tu mente

- Me acepto, me apruebo y me amo tal y como soy ahora.
- Siento un profundo aprecio por mí y por todo lo que he logrado hasta ahora.

- Veo mis defectos y los acepto junto a mis virtudes.
- Elijo la calma y la tranquilidad incluso cuando veo cosas que no me gustan.
- También acepto a los demás y ahora comprendo que ellos tienen defectos, como los tengo yo, aunque no tengamos los mismos. Gracias, Vida, por darme la capacidad de aceptar las cosas que no puedo cambiar y valentía para cambiar lo que sí puedo cambiar.
- Hay mucho amor en este mundo.
- Y así es.

3 ACEPTACIÓN DE LAS REGLAS DEL JUEGO DE LA VIDA

Desde hace miles de años muchos sabios nos han explicado que existe un plan para cada uno de nosotros, un propósito de vida que va más allá de alcanzar metas materiales y que tiene un significado profundo.

La vida es una escuela a la que hemos venido a aprender y a disfrutar, pero para aprender y disfrutar hay que aceptar sus reglas y conocerlas, pues, si no las conoces y no las aceptas, no harás los aprendizajes ni podrás jugar ni divertirte, sino que, por el contrario, sufrirás de forma innecesaria.

¿Cuántas veces sufrimos por no aceptar? Date cuenta de todas las veces que has sufrido por no aceptar una ruptura amorosa, una pérdida, una enfermedad, el comportamiento de otra persona... Recuerda cuántas veces has sufrido innecesariamente por no aceptar un fracaso y resistirte a él, o no aceptar la negativa o el egoísmo de alguien a quien considerabas cercano, o no aceptar que a veces tienes un sentimiento de vacío o de soledad, cuando eso es completamente natural...

Cuando aceptas, sientes paz.
Cuando sientes paz, has empezado a sanar.
Cuando sanas, empiezas a amarte de verdad.

Aceptar las cosas tal y como son es el primer paso para transformar el sufrimiento en algo positivo. Eso no significa que te guste lo que haya pasado ni que no puedas cambiar las cosas; significa que estás dispuesto a ver las cosas tal y como son en este momento.

Querido amigo, **en la vida muchas veces suceden cosas que no nos gustan o que no entendemos, pero te pido que seas valiente**: atrévete a coger el toro por los cuernos y de esa forma te convertirás en una de esas personas que asumen las cosas y así pueden enfocarse en las soluciones.

En este capítulo vamos a hacer un maravilloso trabajo de aceptación de las reglas del juego de la vida que te ayudará a vivir de un modo más sabio, más adulto y poderoso. Para ello necesitas comprender algunas cosas que no son difíciles de entender y que yo te voy a explicar muy bien.

Recuerda estas palabras de Gandhi: «Sé el cambio que quieres ver en el mundo». Y es que **mejorándonos a nosotros mismos mejoramos el mundo**. Por supuesto, puedes reivindicar cosas, ir a manifestaciones para defender derechos…, pero la clave va a estar en si defiendes aquello en lo que crees con odio e ira, o si lo haces desde la conciencia, desde la calma.

Desde la conciencia puedes entender que el mundo ha llegado a donde ha llegado porque está en evolución, así que hay muchas cosas que mejorar.

Los futuros seres humanos de dentro de tres mil años nos verán a nosotros como ahora nosotros vemos a los primates, y los de dentro de seis mil años verán a los de tres mil años más como seres poco evolucionados. Cuando comprendes que nunca va a terminar el trabajo —porque siempre se puede seguir mejorando y evolucionando—, entonces podrás relajarte para participar en el juego de la mejora del mundo desde la mejora de ti mismo, de una manera firme pero tranquila, sin ira, sin odio, sin tensiones.

El odio atrae más odio. Y cuando no hay aceptación, hay enfado. Y el enfado es ira. Y la ira y el odio están muy cerca. Las herramientas eficaces para mejorar de verdad no son el odio ni la ira, sino el amor y la conciencia.

Primero has de aceptar esta regla del juego: **El trabajo ha de ser constante**.

Existe la magia, pero **no existen soluciones mágicas que te lleven a dejar de trabajar en ti mismo,** en tu superación, en vencer tus inercias, en llegar a nuevos niveles de conciencia y comprensión. Hay personas que hacen un trabajo de crecimiento personal, mejoran mucho, están felices y piensan que ya ha acabado el trabajo. Falso.

Repito: el trabajo ha de ser constante, es algo que hay que aceptar. Y esto está enlazado con lo siguiente que es necesario aceptar:

En la vida siempre vas a tener nuevos retos que superar.

¿Para qué existen los retos?

Los retos, problemas y desafíos que atravesamos constantemente —tú, el rey y la reina de un país, un actor de Hollywood multimillonario, una persona pobre, alguien que tiene una enfermedad grave o un ejecutivo de éxito— son necesarios para aprender, crecer y experimentar.

Para ser feliz necesitas crecer.
Para sentirte realizado necesitas seguir aprendiendo cosas.
Para sentirte pleno necesitas continuar evolucionando.

Una de las formas que los seres humanos tenemos para crecer, para aprender cosas y para continuar evolucionando es atravesar retos que nos hacen más conscientes.

Por eso, no conoces ni conocerás a nadie en el mundo que no tenga retos. Si crees que alguien no tiene retos es porque te falta información o porque esa persona no te cuenta la verdad.

Los retos que vives te ayudan a aclarar tus deseos de forma más específica para que una vez que tengas claro lo que no quieres, sepas lo que sí quieres y de esa forma te puedas enfocar en ello. Cada vez que llegue un reto, puedes decirte: si esto no es lo que deseo, ¿qué es lo que quiero? Y así descubrirás un nuevo y poderoso objetivo en el que enfocarte.

Cuanto mayor logres que sea tu foco, más bonitas serán las cosas que experimentarás y menos serán los retos, pero no olvides que eres un ser humano, que siempre vas a tener que aprender cosas nuevas, por lo que nunca vas a poder saber cuándo llegará un reto nuevo. No te enfades cada vez que ocurra: puedes verlos como un regalo y una oportunidad de crecimiento.

Existen los retos, sí, pero estás aquí para ser feliz, no para sufrir. No se trata de ver la vida como un camino de sufrimiento. La vida es un camino de felicidad, en el que hay retos que nos ayudan a crecer y a ser más felices.

El problema de algunas personas es que, influidas por creencias de otros, han llegado a la conclusión de que el paraíso está solo cuando se mueren, por lo que pasan por la vida ignorando que el paraíso también está aquí y ahora.

Para eso viniste a este mundo físico: para crearte tu propia vida feliz con amor y alegría. No viniste para que se te diera todo dado y no tuvieras que hacer nada, pues eso sería muy aburrido. ¡No habría ningún tipo de juego! Viniste para ser el creador que eres y comprender que está en tu mano decidir ser tu mejor amigo, amarte y SER FELIZ, haya pasado lo que haya pasado y suceda lo que suceda.

Imagina por un momento que vas a alcanzar un éxito enorme en el trabajo además de felicidad, abundancia, una familia feliz, una pareja maravillosa, amigos a los que te une una relación profunda, una casa preciosa, y que a todo eso puedes llegar de dos maneras:

- Porque tu padre es famoso y millonario y ha pagado sin que tú lo supieras a muchísimas personas para que tuvieras todo eso y no tuvieras que hacer nada. En este caso todo sería una farsa.
- Porque tú mismo creas tu propio paraíso, con el poder de tu foco y esa intención que te lleva al éxito personal y profesional.

¿Por cuál de las dos vías preferirías llegar? La primera vía sería una farsa; la segunda estaría basada en el esfuerzo, la contribución, el amor verdadero. Si eres como la mayoría de las personas a las que les he hecho esta pregunta, tu respuesta será que preferirías ganártelo tú. Y es así porque, como te decía:

En tu propia esencia está que para ser feliz necesitas crecer, experimentar y mejorar tu vida continuamente.

Por si acaso, te pondré otro ejemplo. Supón que te encanta jugar al fútbol y quieres ser un gran jugador. Pero cuando te pones los pantalones de deporte y vas a jugar por el campo de fútbol, todos los integrantes del equipo contrario se quedan quietos e inmóviles, y por supuesto el portero hace lo mismo, al igual que tus compañeros. Solo te miran, por lo que tú lo tienes así de fácil: puedes avanzar tranquilamente con la pelota hasta llegar a la portería y meter el gol. Tu equipo gana siempre, gracias a ti, y eres el máximo goleador. ¿Te gustaría que así fuera la victoria?, ¿crees que lo pasarías bien y sentirías mucha satisfacción? Ahora ya comprendes y aceptas que para sentir verdadera felicidad necesitas expandirte, compartir y contribuir al mundo.

No compares tus retos con los de los demás. Cada persona tiene sus dificultades y retos, y, como veremos más adelante, de nada te sirve comparar tus retos con los de otros. **Los retos nos hacen humildes** y esto enlaza con otra de las reglas de la vida que tienes que aceptar para ser feliz y de la que te hablaré a continuación.

Aceptación de la incertidumbre

Ayer tuve una sesión con una clienta a la que tengo un aprecio enorme: Sara García Fernández. Sara tiene veintinueve años y es oftalmóloga, tiene una clínica preciosa en Asturias junto a su madre, y sé lo buena e inteligente que es porque llevamos haciendo sesiones varios años. Y su madre, Beatriz, con la que también he hecho sesiones durante años, es una de las personas más nobles que conozco. De ella quiero hablar.

Beatriz es bondadosa, es inteligente, es divertida y, sobre todo, muy, muy generosa. Tiene cincuenta años. Ahora, en diciembre de 2022 mientras escribo estas líneas, Beatriz pesa menos de cuarenta kilos y no puede moverse de su cama. El año pasado le detectaron un cáncer de estómago que no pintaba nada bien y lleva diez meses de quimioterapias, radioterapias y pruebas que no garantizan que vaya a vivir.

«¿Qué es lo que más has aprendido con la enfermedad de tu madre?», le pregunté a Sara, que contenía las lágrimas durante la sesión. «Después de varios meses he aprendido a aceptar lo que no depende de mí, a soltar el control, y eso me ha dado paz», me respondió.

Una de las cosas más importantes de la vida es soltar el control de lo que no podemos controlar.

En esa sesión le pedimos a la vida que todo salga bien con Beatriz; que le dé salud para una nueva etapa aún mejor, en la que trabaje en su clínica, que ama; en la que haga viajes en caravana con su marido; en la que puedan venir a Madrid y hacer ese viaje a la India que Beatriz me contó una vez que era su sueño.

A la vida le pido, aquí y ahora, que yo pueda ver a Beatriz en Oviedo y que tenga más felicidad y plenitud que nunca.

Luego, le hablé a Sara sobre la importancia de la aceptación de la incertidumbre.

Porque es cierto que queremos que su madre se cure y creemos que se va a curar, pero **tenemos que aceptar, como seres conscientes, la incertidumbre**. No solo de lo que sucederá con Beatriz, sino con nosotros mismos, con el mundo, con nuestros amigos y familiares. Podemos ser positivos, pero al mismo tiempo aceptar que nada es seguro en esta vida. Y si aceptas esto con paz y serenidad, valorarás más el presente.

En tu vida siempre va a haber incertidumbre.
Lo único seguro es que nada es seguro.
Todo puede cambiar en cualquier momento.

Aceptación de la pérdida: Todo tiene un principio y un final

Cuando comprendas que en este universo en el que vivimos hay muchísima abundancia a nuestra disposición, para que gocemos de ella, tus miedos y apegos desaparecerán. Hay muchas más oportunidades de las que jamás podrías utilizar, más *hobbies* y cosas maravillosas de las que podrías hacer, infinitas personas con las que podrías compartir experiencias felices.

Siente y agradece la infinita abundancia de cada nuevo día y podrás experimentar más felicidad de la que nunca soñaste.

Recuerda: **viniste a ser feliz, no a sufrir**. Una gran parte del sufrimiento es opcional y desaparece con una mentalidad alineada con el amor y la felicidad. Apegarse a lo que no funciona y a lo que ya no es para ti provoca dolor. No aceptar algo que no puedes cambiar provoca dolor. En su lugar te propongo que te montes en una ola, la ola del presente, y te conviertas cada vez en mejor surfista. El surf requiere práctica y entrenamiento. La ola de la vida y de la felicidad también.

Soltar el apego y dejar marchar

Una de las leyes más importantes del universo que tienes que aprender para amarte a ti mismo y ser feliz es la siguiente:

Tú tienes un camino y los demás tienen otro camino. A veces vuestros caminos se juntan, a veces se separan. Pero siempre seguirás tu camino con una persona: tú mismo.

Cuando comprendas esta ley, dirás: «Haré mi propio camino, aunque haya gente que no lo comprenda, me juzgue o me critique, y por supuesto permitiré a los demás hacer su camino, incluso si hay cosas que no entiendo». Tu camino se ve atraído hacia el camino de muchas personas a lo largo de tu existencia, pero del mismo modo que la vida os atrae, otras veces os separa. ¡Es algo energético!

El sufrimiento empieza cuando te niegas a separarte de alguien que no quiere estar junto a ti. Ese rechazo a veces es doloroso, pero no te lo tomes a la tremenda: simplemente significa que su camino le está llevando hacia otros lugares. Tienes que aceptar que a veces el camino de alguien a quien quieres tira hacia otros lugares. Ese es el momento de agradecer todo el tiempo que recorristeis juntos en lugar de quejarte porque ahora camináis por separado. ¡Igual os volvéis a juntar de otra forma en un tiempo!

Debemos ser conscientes, cada vez que estamos con alguien, de que puede ser la última vez que hablemos con esa persona. De esta forma, valoraremos más su presencia, su amor.

Hace poco estuvieron mi tía Emilita y mi madre visitándome en mi casa en Madrid y fui consciente, a lo largo de esos tres días, de que podría ser una de las últimas veces. ¡Ojalá la vida nos regale muchas más veces! Los tres somos muy felices juntos y cuando vienen a Madrid nos sentimos libres, alejados de todos los compromisos, así que esa felicidad aumenta. Cada cual expresa lo que quiere, siempre nos apoyamos y jamás nos juzgamos. Sin embargo, tienen ochenta y uno y setenta y nueve años, y vienen una vez por año. Mi tía ha superado dos cánceres y más de cinco operaciones. ¿Cuántas veces más vendrán? ¡Ojalá sean muchas! ¡Y creo que lo serán! Pero, desde luego, no serán cientos.

¿Eres consciente de que la relación con tu pareja a la que tanto quieres puede acabarse?, ¿sabes que la relación que tienes con un amigo puede llegar a su fin, a veces por motivos inexplicables?, ¿te das cuenta de que la relación que tienes con tu hermana o hermano puede cambiar en cualquier momento?

Reconduzcamos: cada regalo de la vida tiene un comienzo y un final. Hay tres niveles de evolución:

- **El nivel más bajo** es el de las personas que no aceptan cuando llega el final de ese regalo **y se aferran al pasado** acumulando resentimiento y negándose a abrirse de nuevo a la vida. En este nivel hay mucho sufrimiento. «¿Por qué a mí?, ¿por qué?, ¿por qué?», dicen, alzando los puños, cerrando fuerte los ojos y moviendo la cabeza.
- **El nivel medio** es el de las personas que aceptan que el regalo se ha acabado, pero con una **gran tristeza**. Su pareja les ha dejado y comprenden que la ruptura es definitiva, y lo aceptan, pero lo ven como algo tristísimo, una pena muy grande a la que se tienen que enfrentar.
- **El nivel más evolucionado** es el de la **aceptación con calma y agradecimiento**. Y a este nivel podrás llegar cuando comprendas que la vida es abundante y que los regalos no van a dejar de llegar. ¡Que se acabe un regalo solo significa que vienen nuevos regalos! Comprendes que la vida son etapas, que cualquier tiempo pasado nunca fue mejor salvo que tú impidas al presente desplegarse en toda su plenitud.

En el tercer nivel no tienes miedo a que las cosas se acaben. Disfrutas de tus relaciones y las cultivas, pero sabes que nunca te faltará amor. En este nivel el miedo desaparece. **Y la vida te demuestra que no tienes que tener miedo: siempre te llena de oportunidades, de lugares, de situaciones, de cosas maravillosas que vivir y experimentar.** Y te las da porque tú estás abierto a la vida, estás consciente, estás presente.

¿Qué pasaría si aceptáramos que todo tiene un principio y un final, y que está bien así? ¿Crees que viviríamos más tranquilos aceptando las reglas de la vida?

> **Cuando aceptas las reglas de la vida,**
> **sueltas el apego.**
> **Y la llave de la felicidad va a estar en soltar**
> **el apego.**

Yo antes vivía muy apegado a las cosas y a las personas, y me he liberado a nivel mental de todo eso. Por supuesto, tengo relaciones que quiero conservar y trabajo en ellas, las cuido, las quiero, pero estoy preparado para aceptar las cosas. Lo primero porque, tarde o temprano, se van a acabar, ya como muy tarde la relación física se acabaría con la muerte (la tuya o la de la otra persona).

¿Te has dado cuenta de que hay relaciones de amistad que duran un tiempo y luego se transforman o terminan y dan paso a otras? ¡Es porque esas personas ya te dieron lo que tenían para darte y tú ya les diste lo que tenías para ellas! Y eso no tiene que preocuparte: si te abres al presente, llega gente buena y valiosa que va a aportarte cosas buenas y valiosas. No hablo de que te rindas antes de tiempo o de que todo te dé igual, estoy hablando de aceptación. Por supuesto, hay otras que duran toda la vida, hasta que la muerte física hace una transformación. Yo tengo varios de estos amigos: que son tan leales y generosos que no creo que nada ni nadie pueda separarnos a estas alturas.

No esperes tanto de personas en concreto. Espera más de la vida y de ti.

Yo soy una persona que conoce a mucha gente, pero amigos buenos de verdad tengo pocos. Son esas personas que sabes que te quieren al margen de tus éxitos, que estuvieron y estarán, que te aman por lo que tú eres y no por lo que haces. Son esas personas que, cuando metes la pata, te siguen queriendo. Una vez, llegué a confiar en una persona muy pronto, abrí el corazón, compartí mis luces y también mis sombras, y luego la decepción fue muy grande. Con las relaciones amorosas pasa lo mismo: a veces nos decepcionan, pero es porque hemos dado nuestra confianza demasiado pronto. La responsabilidad es totalmente nuestra. Nadie tiene la obligación de quererte, pero, al mismo tiempo, nadie va a poder impedir que tengas personas que te quieran.

Una cosa es confiar en el proceso de la vida y otra muy distinta dar nuestra confianza a alguien a quien todavía no conocemos lo suficiente. El año pasado tuve una gira muy intensa por mi último libro y hacia el final estaba realmente agotado. Pero cuando llegué a la promoción de Portugal sucedió un milagro. Conocí a un ángel.

Jose María Calvín, un hombre no por exitoso menos generoso y bueno, me enseñó sin darse cuenta que tiene que pasar un tiempo hasta que confíes de verdad en una persona. **Para que confíes en una persona esta tiene que demostrarte primero que le importas de verdad, que se alegra de lo bueno que te pase y que te ayuda en lo malo, que no desaparece y que te quiere realmente con tus luces y tus sombras.**

Pero ojo, que no confíes totalmente en una persona todavía, no significa que no puedas ser feliz junto a ella. Puedes disfrutar de la vida junto a ella mientras la conoces más, puedes compartir viajes, aventuras, cenas... Hasta donde lleguéis.

La maravilla de las microrrelaciones y las macrorrelaciones

Las macrorrelaciones, las que duran mucho tiempo, tienen muy buena publicidad en el imaginario colectivo, y sí, son maravillosas, ¡pero solo en el caso de que esas personas se sumen y se den mucha felicidad! ¿Cuántos casos conocemos de parejas que están juntas por estar, por miedo a estar solas o porque no se atreven a dar el paso de empezar de nuevo?

Hay una palabra que yo mismo he inventado y que descubre un tema apasionante: el de las microrrelaciones. El otro día le expliqué a una amiga mi fabulosa teoría sobre las microrrelaciones y me dijo:

—Sí, Curro, pero es precioso cuando ves a dos ancianitos de la mano que llevan toda la vida juntos.

—Es verdad —respondí—, es precioso, pero ¿acaso no lo es ver a dos ancianitos que van de la mano y llevan enamorados solo cinco meses? ¿Quién nos ha dicho que no podemos enamorarnos a según qué edades?

El enamoramiento siempre es posible cuando estás abierto al amor.

Yo no me enamoré por primera vez hasta los treinta y dos años, porque vivía en el armario y estaba cerrado al amor. Una persona de setenta, ochenta, noventa años que está soltera o viuda no se enamorará si está cerrada al amor, pero, si está abierta, cualquier cosa puede suceder.

Pero vayamos al meollo de la cuestión: la aceptación y mi teoría de las microrrelaciones.

No llores por los regalos que ya se acabaron, alégrate por los regalos que hay ahora y por los nuevos que están llegando.

Algunas relaciones duran toda la vida (yo creo en ellas); otras, una noche o unos días, o unas semanas o unos meses. Son microrrelaciones. ¡Y son maravillosas! Es posible compartir de alma a alma con una persona a la que solo conoces de un día.

Cuando mi amigo Jose se quedó soltero y se recuperó de su ruptura me dijo: «Curro, ahora vamos a disfrutar de nuestra soltería». Y hemos tenido en este año varias microrrelaciones que nos han dado felicidad, aprendizajes y nada de sufrimiento. Y todo porque **hemos aprendido a no apegarnos, a soltar, a permitirnos ser honestos con nuestros sentimientos** y decir a una persona lo que sentimos sin miedo al rechazo. Y porque cuando alguien se ha ido hemos entendido que ya nos había dado lo que tenía para darnos.

«

Cuando estás soltero, es muy bueno disfrutar de tu soltería.
Cuando estás en pareja, es muy bueno disfrutar de tu pareja.

José Bravo Martín

»

En este sentido te contaré una jugosa anécdota que viví el pasado verano.

Desde que rompí con mi última pareja, en Londres, he tenido varias microhistorias de amor. Hubo una con un reputado abogado de cuarenta años que me hizo pensar que, tal vez, era la persona con la que yo iba a construir algo más serio. Estuvimos varias semanas saliendo y era un hombre con carrera, muy educado, alguien que parecía sincero y que sabía lo que quería. Se llama Eduardo.

En la Puerta del Sol, después de haber pasado un día que los dos habíamos calificado como perfecto, nos despedimos con un beso antes de que él cogiera el tren.

—Cuídate mucho, Eduardo —le dije, pero yo no sabía que nunca más volvería a verle.

Eduardo empezó a escribir menos, hasta que un día comprendí que había desaparecido por completo. El hombre educado que no dio indicios de hacer *ghosting* desapareció de un día para otro. Su falta de valentía y de sinceridad me perturbó durante unos minutos, pues habíamos compartido cosas muy bonitas y no me esperaba de él semejante actuación, pero entonces me acordé de lo que enseño a mis clientes, y todo se transformó en un instante. ¡Mi energía cambió por completo!

Si empiezas a salir con alguien y te deja de interesar en ese sentido, sugiero que seas sincero. Reúne la valentía para serlo. Quizá es más fácil desaparecer o mentir, pero yo he aprendido a ser sincero y tú también puedes hacerlo. Pero, si te hacen *ghosting* y alguien que te gustaba desaparece, es algo que no puedes controlar porque no depende de ti. Es el momento de que recuerdes lo siguiente:

El poder lo tenemos sobre nosotros mismos, no sobre los demás. No necesitamos explicaciones para sentirnos bien. Podemos sentirnos bien sin comprender. Podemos aceptar las cosas como son.

Y podemos entender algo muy importante: **La vida nos hace regalos, pero cada regalo tiene un principio y un final. Y eso no importa, porque cuando un regalo llega a su final, si lo aceptas, no te apegas al pasado y te abres a la vida de nuevo, llegan nuevos regalos, siempre, en un continuo infinito lleno de magia.**

Y al recordar estas palabras y agradecer que el regalo de Eduardo se había acabado, aunque no me hubiera dado ninguna explicación, al entender que el poder estaba dentro de mí y que yo no lo necesitaba, empecé a sentirme muy bien.

Mis emociones subieron. Y al subir tus emociones, sube tu energía, y cuando sube tu energía, las cosas, situaciones, personas que llegan a tu vida son completamente diferentes que cuando tienes una energía baja.

La energía alta —emociones altas— abren tu vida a las infinitas posibilidades; la energía baja —emociones bajas— cierran tu vida a las posibilidades. Y la vida, cuando estamos abiertos a ella, siempre puede sorprendernos en infinitas formas de abundancia.

Esa misma noche salí con mis amigos. Y cuando aún intentaba comprender el sentido de la desaparición de Eduardo, conocí a dos chicos guapos, altos, fuertes y con sonrisa de oreja a oreja, que estaban de viaje. Dos hombres que atraparon mi mirada con si fueran una alucinación.

—Este es Juan, este César—. Y mi amigo Jose me los presentó—. Los he conocido esta tarde en la piscina.

Sentí un anhelo repentino, poderoso, de hablar más con esos chicos, pero Juan se fue con dos amigos por las profundidades del local. Sin embargo, César se quedó y empezó a hablar conmigo, y me miraba a los ojos mientras hablaba con tanta dulzura que despertó en mí un sueño impreciso, el deseo de besarle y que siguiera allí conmigo mucho tiempo. Pero yo no iba a dar ese paso. No hizo falta.

—Bueno, pues acabo de cumplir un deseo... —murmuré, y César se echó a reír, y luego me abrazó y me volvió a besar.

Cuando ya creía que me iba a desmayar, apareció Juan y empezamos a hablar los tres, y lo más sorprendente fue que me di cuenta de que me gustaba tanto como César. ¡Nunca me había sucedido algo así! ¡Era la primera vez que me gustaban dos personas a la vez! Y lo estábamos pasando tan bien...

Lo que sucedió esa noche lo dejo a la imaginación del lector y no daré detalles sobre ello, pero sí diré que de cada experiencia hay un aprendizaje y a mí me sirvió para dos cosas. Comprender a una clienta con la que hago sesiones, que me había explicado que le gustaban dos personas a la vez (ya se sabe que a veces para comprender algo tenemos que experimentarlo) y entender a un nivel profundo algo que tenía que enseñar en este libro: el universo es abundante. Eduardo se había esfumado, ¡pero el mismo día aparecieron dos chicos más jóvenes, guapos y simpáticos! ¡Y también tenían buenos trabajos!

Hay abundancia de personas, de oportunidades. Cuando alguien quiere marcharse, déjale ir; recuerda que vendrán nuevas personas, no te apegues a nada ni a nadie.

Para mí la señal estaba clara: la vida me estaba hablando con tanta claridad que supe que tenía que contarlo en mi nuevo libro, pues me di cuenta de que sería útil, aunque nunca hubiera contado algo tan íntimo.

Tres semanas más tarde, César y Juan hicieron más de cien kilómetros para ir a verme a Fuengirola, donde yo pasaba unos días con mis padres, y pasar el día en la playa conmigo; nos bañamos juntos en el mar, comimos y fuimos de nuevo muy felices.

Mi amigo Jose me ha enseñado a transformar en amistad, cuando queremos, un sentimiento. Y eso hice con César y con Juan. Nos vemos siempre que vienen a Madrid. Y ahora le doy gracias al cielo de que hayan entrado en mi vida estos dos grandes amigos tan simpáticos e inteligentes. Y todo porque no me quedé llorando en casa porque Eduardo había desaparecido.

Pero ahí no acabó la cosa. ¡La vida siguió demostrándome su infinita abundancia! Cuando había transformado el sentimiento en amistad, me acababa de mudar a mi nueva casa y apareció David, un joven farmacéutico bien majo con el que conecté al instante. El día en que nos conocimos estuvimos hablando durante cinco horas seguidas. Tampoco daré detalles de lo que pasó entre nosotros, pero sí diré que más tarde, cuando pensé que el regalo ya se había acabado, me propuso ir a ver los miradores de la Casa de Campo, amén de enseñarme todos los lugares de mi nuevo barrio, la frutería, el mercado, la peluquería a la que me recomendaba ir...

Vivimos una microhistoria preciosa, que ahora, por diversos motivos, estamos transformando en bonita amistad, sin apego y con coherencia y alegría.

Si estás soltero, ¿te permites disfrutar de estas microrrelaciones y aceptar sus finales? ¡La vida es mágica! ¡Las microrrelaciones pueden ser muy bonitas!

Pero ojo, también es necesario, a veces, saber decir adiós. Y para eso necesitas averiguar lo siguiente.

Cómo superar el miedo a la soledad y a la pérdida

Mucha gente sufre mucho con relaciones tóxicas que no se atreven a terminar por miedo a la soledad o porque les paraliza la idea de perder a alguien a quien quisieron en el pasado. No puedes tener una autoestima sana y un buen amor propio si mantienes una relación amorosa que te hace daño.

Necesitas entender esto: en este mundo jamás vas a estar solo, jamás, a menos que tú lo decidas y te encierres en ti mismo. Vivimos en un mundo globalizado en el que es más fácil conectar con personas que nunca, y hay asociaciones en las que grupos de gente quedan para ir al campo, a museos, para jugar al tenis, para salir por ahí. Hay viajes a los que te puedes apuntar. Mi amiga María Blázquez llevaba años queriendo hacer un safari y, como ninguno de sus amigos se apuntaba, se apuntó sola, y en ese maravilloso grupo la acogieron con tanto amor que fue una de las experiencias más bonitas de su vida, tanto que luego mantuvieron el contacto.

También puedes ir a las reuniones de tu Iglesia (si eres católico o estás abierto a eso), o apuntarte a un curso de cocina, de baile o a *crossfit*. ¡Las posibilidades son ilimitadas! Y en mi caso siempre se confirma una de mis creencias: «Hay gente buena y amable por todas partes».

Es perfectamente posible hacer amigos nuevos, encontrar nuevos amores, gente con la que compartir la vida y la felicidad, y forjar nuevos vínculos.

¿Te da vergüenza? ¡La vergüenza se vence! ¡Toma la valentía de dar el primer paso!

Y, además de eso, ¡puedes disfrutar tú solo haciendo muchísimas cosas! Por no hablar de la felicidad que se siente con los animales. Jamás he conseguido alcanzar picos de felicidad tan altos como cuando siendo niño iba con mi perro por el campo o por el monte. Y uno de mis sueños, ya lo he contado, es tener un perro pronto, pues sé que son una fuente de amor realmente mágica.

Decidir tener un perro es algo muy personal, pero te aseguro que también se hacen amigos gracias al perro. Mi amiga Nuria Gago comparte su vida con su preciosa perrita Rita desde hace diez años, y cuando voy con ella a pasear a un parque por el centro de Madrid, nos integramos con una pandilla de unas diez personas. Todos están con sus perros, todos ríen y comparten amor y felicidad. ¡Y no tienen que quedar a una hora concreta, puedes ir cuando quieras, pues siempre hay alguien allí!

No tengas miedo a la soledad. Cúrratelo un poco. A veces los planes no llegan solos a tu puerta. Sé creativo.

Trabajé en sesiones con una presentadora de televisión que tuvo una relación maravillosa con la que fue muy feliz... los tres primeros meses. Luego todo se truncó: él se convirtió en un déspota que entraba y salía de su vida cuando le daba la gana. Y como estaba muy apegada a él, no era capaz de tomar la decisión de decirle lo que siempre tenemos que decir cuando sentimos que una relación llega a su fin: «Gracias de todo corazón por lo compartido, me quedo con todo lo bueno, pero tras reflexionar he llegado a la decisión definitiva de que es mejor para ambos seguir caminos separados».

Entonces ella trataba de que él regresara a los tres primeros meses, cuando era un hombre generoso y amable que la tenía loca de amor. ¡Vivía en una fantasía que nunca iba a volver! Y así sufrió muchísimo durante un montón de meses, hasta que llegó a mí, con la autoestima destruida, la salud mental bastante deteriorada y desesperada.

Mantener una relación tóxica es muy peligroso para tu salud.

En ese momento, conmigo, reunió la fuerza para terminar la relación y sintió un alivio inmenso cuando salió de esa cárcel.

—¿Qué habría pasado si lo hubieras dejado después de esos tres primeros meses? —le pregunté.

—¡Que habría sido mucho más feliz! —exclamó ella.

Pero, para hacer eso, repito, hay que librarse del apego. **Cuando no tienes apego, no sufres.** No te aferras a una persona porque entiendes que el universo es abundante y que vienen nuevas personas —amigos, compañeros de trabajo, gente de otros países, amantes o relaciones de todo tipo— para que sigas creciendo, compartiendo y experimentando felicidad.

¡Las cantidades de personas maravillosas son ilimitadas! ¡No se van a acabar nunca! Pero, si te aferras a quien ya no puede darte ni quiere lo que tú necesitas, entonces vas a sufrir mucho y no vas a dejar que entren las personas nuevas.

Todo empieza, todo acaba y todo se transforma. Y eso está bien.

¿Te ha sucedido que a veces tienes una relación de mucha intensidad con un amigo al que, más tarde, por los motivos que sean, pasas a ver menos? ¡Son etapas vitales!

En esta vida hay abundancia de seres humanos. Con unas personas compartirás unas cosas durante un tiempo, otras permanecerán y otras se irán y volverán después de unos años. Todo eso está bien. Lo más importante es esto. **Que nunca te falten personas a las que amar y que te amen. Y eso depende de ti, de tu apertura y disposición.**

Aceptación de las relaciones familiares

Una vez estaba en Bogotá, Colombia, hablando de uno de mis libros, cuando levantó la mano una joven visiblemente emocionada. «He leído todos tus libros, Curro, me encantan, pero en uno de ellos dices que la familia es lo más importante, y yo no tengo familia», concluyó, y se echó a llorar.

Las fuentes de amor son ilimitadas.
Tener una familia es maravilloso, pero hay muchas más fuentes de amor.
Y puedes crear tu propia familia.

Se me saltaron las lágrimas y expliqué lo siguiente: la familia es tu fuente de amor, no tiene por qué ser la familia de sangre. Hay familias de sangre que se llevan muy bien y otras que se llevan muy mal. Hay personas en tu familia que son tus amigos y otras no tanto. No hay culpables. También hay familias de amigos que se apoyan y quieren muchísimo. **Lo que tú necesitas que haya en tu vida es amor, pero eso no quiere decir que tenga que venir de unas personas en concreto.**

«

El amor que no te dieron en la infancia, nadie te lo dará. Ofrécelo.

ALEJANDRO JODOROWSKY

»

Cuando estuve haciendo obras en mi casa observé mucho a los obreros. Vino uno, Luis, que pintó el suelo de blanco, y venía con una pandilla de colaboradores: todos eran de Uruguay, Ecuador, Colombia, jóvenes que habían venido de otros países para ganarse la vida. Todos habían venido solos a España. Pero no estaban solos. Habían creado una comunidad de amigos que se querían mucho, se ayudaban, se escuchaban, se daban soporte.

Un día, teníamos que sacar de la casa un armario que no me cabía en ningún sitio. Uno de los ayudantes del pintor lo quería para su casa. «¿Y cómo te lo vas a llevar?», pregunté. «Voy a buscar a algún amigo a ver si puede venir en una furgoneta.» Yo pensé: «¿Cómo va a conseguir este hombre que venga un amigo tan rápido?». Bien, ¡en una hora estaba la furgoneta del amigo en casa; había ido a ayudarle para llevarse el armario!

Aclaro al lector que en ciudades como Madrid tal cosa no es fácil, porque todo el mundo está muy ocupado y coordinar las agendas no es tan rápido como nos gustaría, pero para ellos sí fue fácil, porque han creado una comunidad, una familia, en la que son prioridad los unos para los otros, y se quieren, y se ayudan, y se escuchan, y se aman, y van al cine, y a tomar algo, y el domingo se van al campo, y se cuidan, y todos salen adelante con amor y cariño, aunque sus verdaderas familias se encuentren a miles y miles de kilómetros de distancia. Pronto, estoy seguro, formarán sus propias familias.

Conclusión: mi promesa más absoluta es que **si tú te abres a la vida, nunca te va a faltar amor.** ¡Te doy mi palabra!

Ejercicio de reflexión

Quiero que escribas en tu diario emocional cuál es tu relación con la pérdida (trabajo, personal, situaciones, cosas), con las transformaciones (cuando una relación cambia, por ejemplo) y también con la muerte, que es el punto que vamos a trabajar a continuación.

¿Sientes miedo ante la muerte?, ¿qué emoción te produce?, ¿cómo de consciente eres de que la muerte física es solo una transformación a algo mejor?, ¿cuánto te cuesta aceptar que algo queda atrás?, ¿cuál es tu nivel de apego a las cosas, a las personas?

Reflexiona sobre ello, escribe sobre ello, sé sincero sobre ello.

Aceptación de la muerte. ¿Existe el más allá?

Yo antes sufría mucho cuando pensaba en la muerte y en las personas que se iban porque no tenía fe. Ahora sé que pasamos a algo mejor y no es que lo dude, es que lo sé, y yo era de la liga de los agnósticos. No creía nada.

«

Más allá del bien y del mal hay un campo.
Nos veremos allí.

RUMI

»

¿Cuál es la realidad? Me encantaría que aceptaras que la realidad que ves no es la realidad que hay. No es difícil de aceptar, pues las tradiciones milenarias nos lo llevan explicando miles de años, y ahora también lo explican de forma científica los físicos cuánticos. Si te interesa el tema, puedes releer el capítulo «Confía» de mi libro *El poder de confiar en ti,* pues lo explico en detalle y de forma que se entiende muy bien.

Ahora lo que quiero es que aceptes que **todo lo que ves con tus ojos, tocas con tus manos, escuchas con tus oídos es solo una parte muy pequeña de la realidad**.

Y que, aunque no puedes ver con los ojos la Luz Infinita de la que te hablaba antes, sí puedes sentirla y sí puedes conectarte a ella. Y cuanto más tiempo en tu vida pases conectado a esta Luz Infinita, más feliz vas a ser y más felicidad vas a aportar a todos los que te rodean, y menos miedo vas a tener a la muerte, tanto a la tuya como a la de los demás. Más tranquilidad vas a experimentar cuando alguien se muere.

Creemos que lo material es lo único real y esta creencia es una cárcel que impide que seas consciente del mundo invisible. Creer solo en lo material no funciona porque la vida está llena de cosas misteriosas que no tienen explicación científica. Hay muchísimos casos de curaciones espontáneas, por ejemplo, y gente que se ha comunicado a otros niveles distintos del lenguaje de las palabras. Algunas historias serán falsas, pero ¿todas?

Todos los días hay nuevos casos médicos en el mundo que certifican que pacientes que no tenían posibilidad de vivir ¡sanan de repente y viven! ¡De pronto se curan y los médicos no saben cómo!

Todo ese misterio solo encuentra explicación en que hay un campo invisible que es donde encontramos el amor, lo que nos une, y es el sentido de la existencia.

Es de verdad fascinante ver la de testimonios que hay de personas que han estado clínicamente muertas o cerca de la muerte y cuando despiertan cuentan que están seguras de que han estado en una felicidad infinita, ante la presencia de un amor inconmensurable al que algunos llaman «Dios».

Hay miles de testimonios y muchos libros publicados. Pondré solo un ejemplo de una actriz conocida, que está claro que contó su experiencia porque era verdad. Sharon Stone tuvo un ictus que estuvo derramando sangre en el cerebro durante nueve días: clínicamente había solo un uno por ciento de posibilidades de que volviera a la vida. Puedes leer su historia en su biografía, escrita por ella misma, y también en alguna entrevista de YouTube:

> Tuve una hemorragia cerebral masiva. Me sentí atraída por una luz blanca, tuve esa experiencia en la que ves esa luz y sientes que sales de tu cuerpo... Tuve la sensación de ver a personas que se habían ido antes que yo y pude comunicarme con ellas. Más tarde volví a la habitación; tenía claro que yo había elegido regresar. Vivir esa experiencia me transformó por completo.

Muchas personas no quieren pensar en ello, les da mucho miedo perder a seres queridos o incluso su propia muerte. Pero **la muerte es un proceso natural, es un proceso de transformación, y en algunas culturas es motivo de celebración.**

Nos enfadamos muchísimo cuando alguien muere siendo joven (mi hermano murió con treinta y dos años), pero es porque pensamos que una persona tiene que vivir ochenta o noventa años como mínimo. ¡Y eso no es siempre así! Tienes que aceptar que no es siempre así. Cada persona tiene un tiempo en este mundo: debes aceptar eso. Y hay veces que un año con calidad de vida y felicidad valen por cincuenta de una persona que vive apagada y amargada. **Por eso es tan importante vivir el ahora, porque no hay garantías para nadie sobre lo que vamos a vivir.**

Hay diferentes tipos de muerte: a veces muere un estilo de vida que llevábamos o una casa en la que vivíamos (porque la dejamos atrás) o un trabajo que teníamos (porque nos despiden o porque nos vamos nosotros) o una relación de cualquier tipo.

Las personas con autoestima y fuertes emocionalmente saben aceptar los finales de esta vida, también la muerte física.

¿De qué te sirve vivir de espaldas a la muerte, como si todo lo que te rodea fuera a seguir existiendo siempre?

Comprender, integrar y aceptar que todo puede acabar en cualquier momento puede ser duro al principio, pero, cuando lo aceptas, te lleva a sacar el máximo partido a la vida y a valorar más cada instante.

Existe un auténtico paraíso, pero pocos seres humanos llegan a conocerlo en vida. Sin embargo, podemos experimentar aquí, mientras dura nuestra vida física, ese paraíso, con el que nos fundiremos de forma total una vez que llegue la muerte de nuestro cuerpo.

Tu fusión con esa Luz Infinita existía antes de que vinieras a este cuerpo físico y también te fundirás con ella cuando abandones este mundo. **Cuando alguien que queremos muere, es completamente normal sentir un gran vacío durante un tiempo.** Esa persona era importante para nosotros, hacíamos planes con ella y queremos seguir viéndola. No es fácil recuperar tu centro cuando muere alguien a quien quieres mucho.

Pero luego, pasado un tiempo, **cuando ya estás en disposición de aceptar, puedes empezar a sentir a esa persona de nuevas maneras maravillosas**. Y es cuando puedes entender que no hay muerte, solo transformación energética. Y entonces sientes que el amor de esa persona se une al tuyo y su fuerza se une a la tuya.

> **Las personas que murieron y nos quisieron sienten un gran amor por nosotros y están aquí para nosotros.**

Estás en este mundo físico de paso por un período de tiempo que tiene un principio y un final, lo mismo que todas las personas que quieres, pero eso no debe angustiarte, porque este mundo físico no es todo lo que hay.

Si lograras abrir tu mente lo bastante para aceptar que la vida se compone de mucho más de lo que no se ve que de lo que se ve, entenderías que el viaje físico, que comienza cuando llegas al vientre de tu madre como una chispa de conciencia y termina con la muerte de tu cuerpo físico, es solo una parte de la vida, una parte muy pequeña, además.

Creo que podemos estar cada vez más preparados para la muerte. Y ahí es donde entra la aceptación. No es un cuento que quienes se van siguen aquí con nosotros de alguna forma. Mi íntima amiga Nuria Gago perdió a su madre cuando ella era una niña pequeña. Y luego perdió a su abuela, a la que amaba infinitamente. Ella ha tenido que trabajar mucho en sí misma para superar esas experiencias traumáticas, pero coincide conmigo en que siente, aquí y ahora, a su madre y a su abuela como yo siento a mi abuela y a mi hermano.

La energía de quienes amamos sigue con nosotros, pero si solo somos capaces de entender el lenguaje de las palabras y creer en lo que ven nuestros ojos, entonces no podremos sentir nada que vaya más allá de lo físico. Sería una forma muy limitada de vivir.

Lo físico (lo que ves, lo que tocas, lo que hueles) convive con lo no físico (la energía). Esto lo dice la ciencia. Y cuanto antes aceptes quién eres, más feliz vas a ser y más vas a amarte.

¿Quién soy? Eres energía en un cuerpo físico. Energía inteligente y amorosa que tiene un destino y un cometido en este mundo. Algunas personas llaman a esta energía *alma*; otras, *ser interior*; otras, *yo superior*. Me basta con que entiendas y aceptes que eres energía, poderosa energía que puede focalizarse, si utilizas bien el poder de tu mente, en crear una vida buena y positiva.

Muchas veces pensamos que están el cielo y la tierra, el aquí y el más allá, pero cuando comprendas y aceptes que lo de allí y lo de aquí está entremezclado, tu vida será totalmente diferente y empezarás a relajarte y a disfrutar de este viaje. Ya no te guiarás solo por lo que ven tus ojos o tocan tus manos.

No hay consuelo inmediato para quienes acabáis de perder a alguien, pero tal vez estas líneas puedan ayudaros:

> **La vida física es un viaje corto. La vida espiritual es la esencia de lo que eres.**
> **La vida física es un segundo —y cuando te topas con la muerte de alguien que quieres te das cuenta aún más—. La vida espiritual es eterna.**
> **Haz todo lo posible por hacer aquí en la tierra lo que querrían que hicieras quienes te querían y se fueron.**

Afirmaciones para entrenar tu mente

- El amor siempre llega a mi vida de formas maravillosas.
- El amor siempre me sorprende.
- Estoy abierto al amor y lo recibo en abundancia.
- Me encanta saber que nunca me va a faltar amor.
- Siento el corazón lleno de amor a rebosar y me abro para recibir más.
- Porque aquí, donde estoy ahora, sé que el amor es infinito y puede venir de fuentes infinitas.
- Siento felicidad al tener este conocimiento.
- Me gusta estar solo y disfrutar de mi soledad a veces, pero también me encanta compartir con personas maravillosas.
- Y ahora sé que hay personas maravillosas y amables por todas partes.
- Siempre hay gente buena.
- Me abro a la vida ahora, y siempre, porque sé que la vida nunca termina, solo se transforma.

4

CREA TU PROPIA REALIDAD

Para amarte a ti mismo necesitas saber cuáles son tus deseos y caminar en su dirección, porque cuando te niegas a ti mismo lo que verdaderamente deseas, acabas anulándote, a veces enfermo o sin ilusiones, y finalmente acabas sin sueños. Pierdes la alegría de vivir. No nos puede pasar eso.

Los deseos y los sueños tienen una misión y necesitamos honrarlos, agradecerlos y ser consciente de ellos para ser felices y avanzar en esta vida.

«

Siempre fui una gran soñadora.
Desde niña tuve la conciencia de que soñar despierta
era la mejor manera de intentar modelar un mejor futuro.

Penélope Cruz

»

¿Tienes deseos que no sabes por qué no se cumplen?, ¿sabes lo que quieres?, ¿has comprendido cómo funciona el universo y, por tanto, has dejado de enfadarte cada vez que deseas algo y aún no lo tienes?, ¿cuál es tu nivel de confianza en la vida?

En este capítulo aprenderás a hacer realidad tus deseos y a dejar atrás la frustración por no conseguirlos. Pasarás de ser un sujeto pasivo de las circunstancias a convertirte en causa de lo que quieres hacer realidad en tu vida.

«

El reconocimiento de que él era la causa y no el efecto le dio una nueva sensación de poder. Ya no tenía miedo.

ROBERT FISHER

»

Lo primero que tienes que aprender es a estar tranquilo a lo largo del proceso en que tus deseos se hacen realidad. Sí, has leído bien: estar tranquilo, muy tranquilo. Supón que estás en un restaurante. Supón que pides tu plato preferido. ¿Estarías de los mismos nervios, ansioso y con miedo en el tiempo que va desde que el camarero toma nota de lo que quieres hasta que trae la bandeja con el plato? No, porque confías en que el camarero traerá lo que has pedido. Entonces, si confías en el camarero, ¿por qué no vas a confiar en el universo?

Una vez que te relajes, tu energía estará alineada con la materialización de tu deseo, y además podrás disfrutar del presente. Solo entonces pedir deseos tendrá sentido, pues la felicidad siempre está aquí y ahora, y nunca dejarás de tener nuevos deseos.

Estar tranquilo no significa que las cosas tarden más en llegar, sino que la forma para materializar lo que deseas y hacer que las cosas sucedan no será mediante la presión, la manipulación ni un estado alterado o de ansiedad, sino que consistirá en la confianza. Es una forma menos popular, pero mucho más efectiva e inteligente.

¿Qué es la acción inspirada?

Ser responsable de tu vida no significa pasividad. No significa quedarte sentado en el sofá esperando a que las cosas lleguen a ti. No significa que no tengas que trabajar. No significa que todo sea fácil. Lo que significa que es que sabes lo que quieres y cuando la vida te inspira lo que tienes que hacer, lo haces.

Es lo que yo llamo *acción inspirada*. La acción inspirada se diferencia de la acción forzosa no solo en que es mucho más efectiva, sino que es una acción gozosa, algo que disfrutas. Supone actuar cuando sientes que tienes que actuar, dar el paso cuando tienes que dar el paso.

El otro día un amigo me reconoció: «Curro, estoy muy perdido». No me sorprendió en absoluto: en estos momentos hay más personas perdidas que nunca. Lo tenemos todo, pero no sabemos lo que queremos.

Si vas por la vida como si fueras un corcho a la deriva o como vaca sin cencerro, no puedes ser feliz. Debes tomar tus propias decisiones sobre la vida que quieres tener, lo que quieres materializar y construir.

Hay una palabra clave: *construir.*

Los seres humanos necesitamos construir para sentirnos realizados. Construir una familia, un proyecto, un trabajo, un estilo de vida... Y del mismo modo que para construir un edificio se necesita saber qué edificio se quiere construir, para construir la vida que quieres tienes que saber qué vida quieres construir.

Y también necesitas la valentía necesaria para llevarlo a cabo.

Para vencer el miedo que puede impedirte construir tienes dos herramientas: la confianza y la valentía.

Hay una pregunta clave que yo suelo hacer en mis sesiones y talleres, y que te pido que respondas con sinceridad: **Si fueras lo suficientemente valiente, ¿qué decisión tomarías o qué harías que no te has atrevido a hacer?**

La última vez que me hice esta pregunta, en diciembre de 2022, respondí dos cosas.

- La primera respuesta creo que esconde el deseo más grande que tengo en la vida, pero es demasiado personal y prefiero no compartirlo por el momento.
- La segunda respuesta fue adoptar un perro.

Llevaba años queriendo tener un perro, pues nada ni nadie me ha dado tanta felicidad como pasar horas con el perro que tuve en la infancia. Pero no me había atrevido a dar el paso por miedo. Cada vez que estaba cerca de atreverme, me venían a la mente palabras de otras personas a las que también les da miedo: «Es mucha responsabilidad», «tú viajas mucho», «es mejor esperar a tener una pareja para así tener más ayuda», «piénsatelo bien»... Y así, con ese disco rayado, me saboteaba a mí mismo y llevaba machacando ese poderoso deseo que estaba en mí desde hace más de veinte años y que no desaparecía por más que intentaba sabotearlo.

Mucha gente me pregunta: **¿Cuándo sé que un deseo que tengo es verdadero o no?** La pregunta es muy buena, pues es verdad que hay muchos deseos de nuestro ego, pero la respuesta está muy clara: **Cuando algo insiste en tu interior y no es simplemente cosa de un día, es que es un deseo verdadero**. ¿Te ha pasado que la idea de tener algo o hacer algo te ronda en la cabeza desde hace bastante tiempo?

Esperar... nos pasamos la vida esperando. Esperar, ¿hasta cuándo?, ¿aún no hemos entendido que la vida puede acabar en cualquier momento y que el momento de vivir es ahora? Dos semanas después de escribir ese deseo en el papel, me escribió un seguidor de Instagram, Sergio, y me dijo que su tío había tenido una camada de perros y que uno aún no tenía hogar. ¡Supe que era mi perro! ¡La vida es mágica!

Eres un ser poderoso capaz de cualquier cosa que te propongas

Me gustaría conseguir que seas más consciente del poder que tienes como ser humano. La mayoría de la gente comprende que lo de fuera tiene efecto sobre lo de dentro. Es decir, si eres como la mayoría de los seres humanos, comprendes que lo material (las circunstancias, las personas, lo que sucede, lo que ves, lo que tocas) afecta a lo mental (cómo te sientes, cómo de feliz eres, cuánto disfrutas).

Al mismo tiempo, si eres como la mayoría de los seres humanos, todavía no comprendes ni aceptas que lo no físico (tu mente, tus pensamientos, tus emociones) afecta a lo físico y a lo material de manera determinante y concreta.

Es decir, no solo lo material afecta a lo mental, sino que lo mental afecta poderosamente a lo material. Algunas personas ya saben y comprenden que lo que piensan y en lo que se enfocan, se expande, pero todavía creen que la manera en que lo mental afecta a lo material es mínima. Por eso todavía no le dan tanta importancia a lo que piensan o dicen.

En el pasado la gente creía que había dos partes diferenciadas, la materia (lo concreto y tangible, lo físico) y la no materia (formada por el mundo de los pensamientos, la energía, el espíritu). Ahora los científicos han descubierto que esto no es así: la realidad científica ha demostrado que energía y materia coexisten.

De hecho, la base de la que está hecho el universo y todo lo que ves y tocas, incluidas tus manos, tu novio o el libro que estás leyendo ahora mismo, está hecho de energía, de partículas diminutas que bailan a ritmos frenéticos, algo que se descubre a nivel subatómico. Y como los pensamientos son energía, afectan y se entremezclan con la energía de la que está formado todo. Tiene sentido, ¿no?

Tu foco es un potente proyector de energía

Por eso, la herramienta más importante que tienes para crear la vida que quieres es tu atención. Con tu atención utilizas el poder de tu foco para *moldear* la realidad. Tu foco es como un potente proyector de energía. Y ese proyector debe iluminar la vida que quieres hacer realidad, no la vida que no quieres hacer realidad.

Cuando te enfocas en algo que no quieres, lo estás *creando* sin querer hacerlo, de manera inconsciente. Tu atención es energía y estás dando energía a algo que no quieres.

Sin embargo, cuando te enfocas en lo que sí quieres, es como si regaras una planta que quieres que crezca. Estarías actuando en coherencia: construyes la obra que quieres construir.

Donde llevas tu atención, llevas tu energía.
Si llevas tu atención a tus sueños, avanzas.
Si llevas tu atención al pasado, te estancas.

Tus pensamientos, decisiones y acciones crean tu realidad. La vida que has creado hasta ahora viene de los pensamientos, decisiones y acciones que tomaste ayer, el mes pasado o hace tres años. Desde tu pasado creaste tu presente. No digo esto para que te eches las manos a la cabeza ante el desastre, sino para que valores el día de hoy. **Lo realmente importante son las decisiones que tomas hoy, lo que decides pensar hoy y lo que haces hoy.** Porque ahora mismo, con estos pensamientos, empiezas a crear tu presente y tu futuro.

Todo lo que dices, haces y piensas crea tu futuro. Y para crear el futuro que quieres, necesitas ser consciente de lo que haces, dices y piensas hoy. Mucha gente no se toma en serio lo que dice, piensa y hace, porque no sabe que está, literalmente, creando su futuro.

Pero ¿y si de verdad creyéramos que nuestros pensamientos crean nuestra realidad?, ¿no tendríamos más cuidado a la hora de pensar? Nos han enseñado mucho sobre el esfuerzo: por ejemplo, esforzarte para terminar un trabajo de fin de carrera, tener éxito en el trabajo o para hacer una maratón, o para terminar de los primeros en la clase de *crossfit*.

Pero el esfuerzo siempre ha ido dirigido a la acción. Y aunque la acción es muy importante, todavía lo es más el pensamiento. ¿Comprendes el poder de tus creencias?

Supón que afirmas: «Soy fuerte», pero en realidad te consideras débil. Cuando empiezas a decir una afirmación, al principio no te la terminas de creer. Pero si insistes y sigues escribiéndola o diciéndola en voz alta cada día, al final será una creencia.

Cuando esa frase se convierte en una creencia, es la verdad para ti. **Y al ser la verdad para ti, se convierte en tu realidad.**

Las afirmaciones son muy poderosas porque, cuando nos disciplinamos y afirmamos lo que queremos, en tiempo presente, lo que afirmamos acaba siendo realidad para nosotros.

Por ejemplo, si tú quieres un trabajo nuevo, podrías afirmar: «Tengo un trabajo nuevo maravilloso, con gente buena que me encanta y con la que me gusta estar, que me proporciona buenos ingresos económicos». Y, si afirmas constantemente esa frase, al final llegará esa oportunidad laboral que estabas esperando.

¿Magia? Sí y no. Porque en realidad tu mente hará que te muevas en esa dirección. La vida te inspirará para que des los pasos correctos hacia ese trabajo nuevo y recibirás las ayudas que necesitas para llegar a él, a veces de las formas más inesperadas. **Las personas que se quieren a sí mismas se hablan bien y afirman lo que quieren con frecuencia.**

Afirma, a poder ser en voz alta: **«Asumo la responsabilidad de mi vida. Me comprometo a hacer cambios positivos. Me comprometo a hacerme responsable de mi salud, de mis sueños, de mi felicidad. No me rendiré pase lo que pase».**

No te quedes parado esperando que otros hagan el trabajo por ti. Debes estar muy despierto y atento para no dejar pasar las oportunidades.

> **No dejes de enfocarte en aquello en lo que crees. No dejes que algunos retos que se presentan en la vida tumben tus ideales e ilusiones.**

Levántate todas las veces que sea necesario. Definitivamente, estás en este mundo por una razón. Eres importante. Es importante lo que has venido a hacer.

No solo somos responsables de lo bueno, también lo somos de lo malo, al menos en gran medida. Muchas veces nos cuesta reconocerlo.

Tuve sesiones con un hombre que estaba destrozado porque la mujer de su vida se había separado de él y se había marchado de casa. Él la quería mucho y no se lo esperaba para nada. La tenía por *segura*: llevaban veinte años juntos. «No es justo, ¿cómo me ha podido hacer esto?», decía el hombre de casi dos metros llorando como un niño. Le pedí que fuese muy sincero consigo mismo y me respondiera a esta pregunta: ¿En qué medida has contribuido tú a que llegaseis a este punto? Y me reconoció que en los últimos años tenía más tiempo para sus amigos que para su mujer, que ella le decía continuamente que quería que pasaran más tiempo juntos y él no hacía caso, siempre lo dejaba para más adelante, y que incluso había dejado de abrazarla y decirle que la quería.

No estamos hablando de culpa. La culpa es muy tóxica, solo sirve para hacernos daño y dejarnos estancados en el pasado. Estamos hablando de responsabilidad. Esto supone hacerte responsable de lo que haces, de lo que dices, de lo que piensas. Si quieres tener más poder interior, afirma con frecuencia esta oración:

Soy capaz.
Soy capaz de solucionar mis problemas.
Soy capaz de crearme una vida buena.
Soy capaz de dejar atrás mis patrones limitantes.
Soy capaz de transformar mi vida.
Soy capaz ahora más que nunca.
Soy capaz de amar más.
Soy capaz de entrenar y cuidar mi cuerpo.
Soy capaz de amar más todas mis relaciones.
Soy capaz de pedir perdón con humildad.
Soy capaz de perdonar.
Soy capaz de aceptar.
Soy capaz de hacer realidad mis deseos.
Soy capaz.

No eres una víctima desvalida a merced de las circunstancias, sino que tú puedes crear tus propias circunstancias. ¡Eso es ser proactivo!

Cómo hacerte más responsable de tu salud

Debes saber que de tu cuerpo, de tu corazón y de tu mente sale energía. Esta energía sale en forma de ondas que forman tu campo electromagnético. ¿Por qué crees que hay personas con las que te sientes más a gusto que con otras? Es porque estamos unidos en lo que respecta a la energía.

Pues bien, estas ondas pueden ser de dos maneras:

- **Incoherentes**: Cuando estás nervioso, descentrado, en caos, con dudas y con miedos.
- **Coherentes**: Cuando estás focalizado, centrado, sabiendo hacia dónde te diriges y lo que quieres. Cuando estás en confianza y tranquilo, pero teniendo muy claro hacia dónde vas. Tu mente y tu corazón quieren lo mismo y se enfocan en lo mismo. Y es aquí cuando te conviertes en el ser poderoso que has venido a ser.

Cuando las ondas que emites son coherentes, estás en proceso de crear salud, gozo, prosperidad, cosas buenas para tu vida.
Cuando las ondas que emites son incoherentes, estás en proceso de crear enfermedad, descontrol, caos, infelicidad en tu vida.

Por eso, el trabajo más importante que puedes hacer para ser feliz, vivir con autoestima y hacer realidad tus deseos es permanecer centrado.

Cuando permaneces centrado, tienes acceso a tu guía interna, que te indica el camino a seguir paso a paso. Tu guía interna es como un GPS que te indica la dirección que debes seguir.

Sigue tu guía interna y recuperarás la alegría de vivir.

Cuando te descentras, entras en caos y la señal del GPS se vuelve loca, como si entraras en un túnel oscuro, así que no tienes una dirección que seguir. Pero lo que es peor, la ciencia ha demostrado lo siguiente: las ondas incoherentes y caóticas perjudican tu propio corazón.

Lee lo que explica Annie Marquier, licenciada en Matemáticas, que dirige desde hace cuarenta años el Instituto de Desarrollo de la Persona, en Quebec, Canadá.

> El campo electromagnético del corazón es el más potente de todos los órganos del cuerpo, cinco mil veces más intenso que el del cerebro. Sabemos que el campo magnético del corazón se extiende alrededor del cuerpo entre dos y cuatro metros, es decir, que todos los que nos rodean reciben la información energética contenida en nuestro corazón. Hay dos clases de variación de la frecuencia cardiaca: una es armoniosa, de ondas amplias y regulares, y toma esa forma cuando la persona tiene emociones y pensamientos positivos, elevados y generosos. La otra es desordenada, con ondas incoherentes. Sí, con el miedo, la ira o la desconfianza. Está demostrado que cuando el ser humano utiliza el cerebro del corazón crea un estado de coherencia biológico, todo se armoniza y funciona correctamente, es una Inteligencia Superior que se activa a través de las emociones positivas...

También eres responsable de tu salud y de tus hábitos, al menos en gran medida. Podríamos liderar nuestra salud en lugar de creer que somos víctimas de nuestros genes, cuando está demostrado que nuestros genes tienen menos influencia en nuestra salud que nuestro entorno, nuestros hábitos y nuestras emociones. Así que, **¿qué salud quieres para tu vida?**

¡Es realmente fascinante! Lee este titular del periódico *El País:* «Cuatro de cada cinco ictus se evitaría con hábitos saludables».[2] Controlar la hipertensión, evitar el tabaco, el alcohol y las grasas, y practicar actividad física evita el 80 % de los casos de ictus.

¿Has leído bien?, ¡podríamos evitar el ochenta por ciento de los ictus solo con mejorar nuestros hábitos!

¿Qué salud deseas? ¿Cuál quieres que sea tu nivel de energía en el día a día? ¿Te gustaría envejecer y cumplir años sintiéndote ágil, en forma, pleno y disfrutando de todos los aspectos de la vida? ¡Pues estás a tiempo de conseguirlo! Puedes liderar tu salud desde hoy mismo. No digo que sea fácil: digo que lo puedes conseguir.

Lo más bonito de todo es que, cuando eliges hábitos saludables, los resultados los ves desde el primer momento. ¡Empiezas a sentirte mejor desde la primera semana! Tu piel empieza a mejorar, te cansas menos, tu estómago funciona mejor, tus emociones vibran más alto...

---

2 «Cuatro de cada cinco ictus se evitaría con hábitos saludables», *El País*, 30/10/2020.

Tuve hace poco una sesión doble muy profunda con un famoso cantante de muchísimo talento que vino a pedirme ayuda. He de guardar su privacidad, pero te diré que tiene más de un millón de seguidores y mucho éxito. Sin embargo, él sentía que se estaba apagando desde hacía meses. Nadie sabía de su problema. Me reconoció que llegaba a fumar unos diez porros al día: le apartaban y le hacían aislarse nada más salir de trabajar. Conseguí hacer una sesión muy poderosa que le llevó a dejar los porros de un día para otro. ¡Salió del laberinto! Y todo porque se hizo consciente de que se estaba matando, de que los porros eran una gran trampa y engaño en su vida, y de ahí fue capaz de tomar la decisión más importante de su vida.

Con una sola decisión puedes salir del laberinto en el que estés.
A veces esa decisión supondrá pedir la ayuda que necesites.

¿Te has fijado en que en nuestro país se celebra todo con alcohol? Las bodas, los cumpleaños, las navidades, las cenas con amigos, los domingos y hasta las comuniones de los niños... ¡todo! Estamos bajo el engaño más grande de todos los tiempos: el alcohol. Porque los médicos nos han explicado que es un veneno horrible para nuestro cuerpo, además de cancerígeno y muchas cosas espantosas, pero, como hemos caído en la trampa, se nos ha olvidado que podemos ser felices en esas celebraciones sin alcohol. ¡Podríamos ser todos totalmente felices sin alcohol! ¡Como cuando de pequeños teníamos fiestas de cumpleaños y nadie bebía! Soy consciente de que es muy difícil salir de esa rueda y círculo vicioso. Las personas que no beben son, en su mayoría, las que nunca han estado en el engaño o esas a las que les detectaron problemas serios de salud.

¿Somos un país de alcohólicos? En mi opinión, en mayor o mayor grado, sí. El tema de la cervecita está tan instaurado que el *raro*, el que tiene que dar explicaciones y justificarse, es el que no bebe alcohol, no el que bebe, que es el que está destruyendo su organismo. Creemos que el alcohólico es solo ese al que se le va la pinza hasta no controlar en absoluto, pero eso solo son los casos más graves de alcoholismo.

Desde el momento en que muchos de nosotros necesitamos alcohol para celebrar las cosas o divertirnos en ocasiones, algo de dependencia tenemos. En mi opinión, somos presos de un engaño colectivo (el engaño del alcohol), y me incluyo. Está claro que en la mayoría de los casos el alcohol no se puede controlar totalmente, así que uno de mis deseos desde hace años es liberarme por completo, salir del engaño, volver a ser el que era cuando no necesitaba el alcohol para ninguna situación y demostrar que se puede ser feliz en cualquier ocasión sin necesidad de beber.

Yo me estoy tomando este tema muy en serio y estoy a punto de dar un paso muy importante. Además, estoy trabajando para crear un taller que ayude a las personas a salir de esa Matrix para que podamos disfrutar de todo en la vida sin alcohol y también sin comida basura y comidas tóxicas. ¡Se puede!

Si optas por seguir un camino de hábitos saludables, estarás en disposición de amarte.

Afirmaciones para entrenar tu mente

- ♡ Me amo cuando cuido mi alimentación y me nutro de forma saludable.
- ♡ Me amo cuando doy a mi cuerpo lo que necesita.
- ♡ Me amo cuando disfruto con mis hábitos saludables.

Ejercicio

Ejercicio de responsabilidad

Este ejercicio es muy importante y te pido que lo hagas durante cuatro días seguidos. Si, por los motivos que sean, hay un día que no lo haces, no importa; completa los cuatro días cuando te sea posible. Los tres primeros días responderás las mismas preguntas, y el cuarto escribirás tus poderosas conclusiones.

¿Por qué responder durante tres días las mismas preguntas? Pues porque, como en las tormentas de ideas, lo que queremos es que surjan de tu interior ideas nuevas. Verás que muchas respuestas se repiten, pero eso no importa.

Simplemente escribe lo que emerja de tu interior, sin juzgarlo y sin pensar mucho, solo escribe lo que vaya saliendo, incluso cuando surjan ideas que en este momento puedan parecerte disparatadas.

Durante tres días seguidos, a ser posible a primera hora de la mañana, escribe entre cuatro y ocho respuestas a las siguientes mismas preguntas, pero ojo, no releas cada día lo que escribiste el anterior:

- **¿Qué pasaría en mi vida si asumiera que mi felicidad depende de mí? Si asumiera que la felicidad depende de mí...**
- **¿Cómo cambiaría mi vida si actuase en coherencia con mis verdaderos deseos? Si actuase en coherencia con mis verdaderos deseos...**
- **¿Qué pasaría si me hiciera responsable de mi salud y de mis hábitos? Si me hiciera responsable de mi salud y de mis hábitos...**
- **¿Qué pasaría si fuera más valiente a partir de hoy? Si fuera más valiente a partir de hoy...**

El cuarto día, desde la reflexión, relee lo que escribiste los días anteriores y, una vez que lo hayas leído, escribe por lo menos seis respuestas conscientes, es decir, seis ideas, a la siguiente frase: «Si ahora tengo en cuenta todo lo que he escrito sobre la responsabilidad de mí mismo y de mi vida, sería muy positivo para mí que a partir de ahora...».

¡Escribe tu plan de acción!

Pedid y se os dará

El otro día vi una nota que había escrito unos ocho meses atrás, cuando todavía vivía en el pequeño apartamento que tenía en Malasaña, en Madrid. Era una nota en la que detallaba mis deseos.

Escribí en aquel momento: «Vivo en una casa que me encanta, muy cerca del centro de Madrid, pero al mismo tiempo muy cerca de la naturaleza. Tiene mucha luz y un salón grande».

«

Pedid y se os dará, buscad y encontraréis,
llamad y se os abrirá; porque todo el que pide recibe,
quien busca encuentra y al que llama se le abre.

MATEO 7, 7-11

»

Es realmente sorprendente porque ahora, mientras escribo, ¡lo hago en esa nueva casa! La vida me ha demostrado que **cuando visualizas lo que quieres, y tienes fe en que eso que quieres va a llegar, acaba llegando**.

Te contaré cómo se produjo el milagro de la casa en la que vivo ahora. Yo fui muy feliz durante años en el apartamento de Malasaña, en Madrid, pero desde el balcón no veía ningún árbol y tenía un edificio justo delante de mí, y al ser la calle muy estrecha los vecinos casi se colaban en mi casa. Hace un par de años, en la pandemia, empezó a nacer en mí el deseo de cambiarme de casa.

A mí me gusta mucho vivir en el centro de Madrid para poder ir caminando a todas partes, pero es cierto que también deseaba estar en contacto con la naturaleza para relajarme y pasear, y porque de alguna manera soñaba con tener un perro alguna vez.

¿Tenía que elegir? Eso me decía mucha gente: «Curro, lo que tú quieres es imposible, porque no puedes vivir en el centro de Madrid y al mismo tiempo en el campo».

«Vale, pues por lo menos quiero ver un par de árboles», respondía mientras seguía yendo a ver casas.

Pero, por más casas que veía, nunca las sentía como mi hogar.

Vi muchísimas casas y, a medida que iba viendo pisos, iba perdiendo la esperanza: eran carísimos cerca del centro y además yo no encontraba lo que quería. Poco a poco, empecé a mirar pisos más alejados, pero tampoco terminaba de ver lo que quería. Recuerdo que estuve a punto de conformarme con uno que suponía una pequeña mejora respecto a lo que tenía, pero que no era lo que yo soñaba.

Entonces recordé un ejemplo que me puso una amiga una vez. Cuando en un restaurante te traen un plato que tú no has pedido, por error, desde el amor a ti mismo, pides que te cambien el plato, porque eso no es lo que tú quieres.

Con el universo pasa lo mismo: hay que dejar claro lo que queremos.

Y lo que yo quería estaba muy claro en mi mente.

Después de ver más de cincuenta pisos yo solo, una mañana vi un anuncio en internet. Cuando vi las fotos de este piso, el corazón se me aceleró. ¡El precio era el mismo que otros muchos peores que había visto! ¡Y encima tenía una terracita! ¡Estaba a diez minutos caminando de la Gran Vía! ¡Y abajo estaban Madrid Río y la Casa de Campo! ¡No tenía ningún edificio delante, solo árboles y cielo! ¡El salón era amplio como para hacer cenas en casa con amigos! ¡Se veía a lo lejos el Palacio Real!

Lo supe: Era *mi* casa.

Ese día volaba a Canarias para la Feria del Libro, pero antes de viajar, ya que no me cogían el teléfono, me planté en la puerta del edificio, miré hacia arriba y vi el cartel de «Se vende». Vi el piso como si ya fuera mío. Pero no me cogían el teléfono.

Algo inquieto, ese viernes viajé por trabajo a Canarias sin dejar de llamar al teléfono de contacto y escribir varios correos electrónicos. Mi amigo Jose viajó conmigo y, como él siempre tiene fe en mí, me dijo: «Ya lo verás, amigo, va a ser para ti».

El domingo por la tarde, cuando aterrizamos en Madrid, me llamó un tal Jorge: «He visto las llamadas, ¿puedes venir a ver el piso mañana lunes a las 17 h? Tranquilo, serás el primero en verlo, porque me has llamado y escrito más que nadie».

Cancelé todas las sesiones que tenía para el lunes. Esa misma mañana, antes de ver el piso, me llamó mi amiga Luisa Martín.

—¿Qué tal estás? ¿Qué vas a hacer esta tarde?

—Voy a ir a ver un piso, ya te contaré.

—¿Quieres que vaya a verlo contigo?

Me quedé sorprendido. ¿No era mucha casualidad que Luisa, madrileña, que ha vivido en muchos sitios y que sabe tanto de pisos, me llamara justo ese día y pudiera ir conmigo? ¡Ella trabajaba en su serie todas las tardes, pero justo esa la tenía libre! Estaba claro que era otra señal.

A las cinco en punto estábamos Luisa y yo en la puerta. Y cuando entramos, y vimos el piso, y nos asomamos a la terracita, y vimos tantísimos árboles, y tantísimo cielo azul, y ciudad al otro lado, Luisa me dijo: «No dejes pasar esta oportunidad».

Me puse algo nervioso, pues aún no sabía si me iban a conceder la hipoteca, pero me acordé de algo que yo mismo enseño:

Cuando el Universo te pone delante algo que has pedido, no dudes y di sí.

Nervioso y excitado, pues no sabía bien si estaba cometiendo una locura, le dije a Jorge: «Me lo quedo. Te pago ahora mismo la señal».

Jorge pensó que no íbamos en serio, pero, al ver que sí, llamó a la propietaria, Mayra, que se quedó sin respiración. ¿El primero que lo ve quiere el piso? Pero Mayra fue maravillosa y, en lugar de esperar a que más personas lo vieran por si ofrecían más dinero, esa misma noche quitó el anuncio.

Poco después firmamos las arras y las pagué sin saber si me iban a conceder la hipoteca y sin saber si iba a poder vender el otro piso a tiempo.

Una vez más, miré hacia arriba y dije: «Dios, yo voy hacia delante, pero tú tienes que encargarte de que todo salga bien».

Mi amigo Carlos Ibáñez, que trabaja en mi banco, no dejaba de hacer llamadas para ver cómo iba el proceso. «Curro, no se sabe, es que tú eres autónomo, tu hipoteca está en el departamento de riesgos».

Finalmente, en un proceso complicado, fui dando un paso detrás de otro a un ritmo perfecto, me dieron la hipoteca, logré vender el piso anterior, todo fue fluyendo.

Ahora escribo este libro desde mi luminoso salón desde el que se ven muchos árboles y el cielo azul, y por las mañanas voy a pasear por el campo. Cuando quedo con amigos en el centro voy dando un paseo.

Lo que había en mi visión no era imposible. Lo que hay en tu visión no es imposible. Porque...

Lo único imposible es lo que tú crees que es imposible.

¡Las ayudas del universo fueron evidentes! Llegaron una tras otra, en el momento perfecto, hasta que firmamos en el notario.

Hice una promesa: «Cada día de mi vida, al despertar y subir las persianas del dormitorio, daré las gracias no solo por estar vivo y tener salud, sino por este inmenso regalo».

Los regalos de la vida conviene agradecerlos siempre y no olvidarse de ellos.

Ejercicio

Highlights

Mi amiga Melissa siempre me pregunta: «¿Cuáles han sido tus *highlights* de los últimos meses?». Así podemos llamar a esos momentos que son regalos de la vida, en los que suceden cosas mágicas.

Es un ejercicio muy sano recordar cuáles han sido tus *highlights*. Y escribirlos. ¡Yo llevo un montón escritos! Pondré algunos ejemplos. Conseguir la casa fue uno. Conocer a César y a Juan después de la desaparición del reputado abogado fue un *highlight*. Ver a mi tía Emilita en mi casa de Madrid cosiéndome las cortinas de la habitación fue otro *highlight*. El viaje a Ámsterdam con Sam, mi amigo de Londres, estar en Jerusalén y pasear por las mismas calles que paseó Jesús, la maravillosa cena con José María Calvín y su marido en Lisboa... Fueron también momentos mágicos.

Conocer al doctor Jorge Solís fue otro. Cuando me sucedió lo del corazón, yo no sabía qué médico me iba a ver en España. Necesitaba a uno muy bueno y especializado, pues el tema de las válvulas del corazón es muy complejo. Los meses pasaban, pero yo estaba tranquilo, pues sabía que la persona perfecta iba a aparecer.

Un día una persona me habló por casualidad de un doctor que había estado formándose en Estados Unidos y que estaba muy sensibilizado con el tema porque su padre tuvo el mismo problema que yo. Me dijo: «Le hablaré de ti y le diré que no tienes médico en España, aunque no prometo nada, él está muy ocupado...».

Me dijeron que tenía escrito un libro del corazón. Y cuál fue mi sorpresa que un día sonó mi teléfono... y ¡era él! ¡Me llamó con su móvil! Me dijo: «Este es mi teléfono personal, Curro. Siento que lo pasaras mal en Londres, pero a partir de ahora puedes estar tranquilo. Estás en buenas manos». Yo no podía creerlo, pero era verdad. ¡Ya tenía doctor! ¡Y era el mejor de todos!

En la vida a veces suceden estos milagros que conviene agradecer. Y, ahora, escribe tú: ¿cuáles son tus *highlights* de los últimos meses?

A veces hay deseos más difíciles que otros. Algunos deseos dependen solo de una decisión. Llevaba unos quince años sin tener reyes porque en mi familia no somos de hacernos regalos. Pero este último Día de Reyes fue diferente. ¡Me regalaron un coche! ¡Mi primer coche!

Llevaba años deseándolo, pero lo iba dejando pasar porque no lo necesitaba. Mi padre y mucha gente me decía: «No necesitas un coche en Madrid». Hasta que comprendí que **necesidad es supervivencia. Felicidad es elección.** Y elegí mi coche, uno muy pequeño, pero precioso, con el que mi perro y yo seremos más libres y felices cuando queramos ir a lugares bonitos.

«

Yo creo que lo que se necesita es lo que te hace feliz.

CARMEN CAÑETE LEYVA

»

Cuando la vida te da lo que quieres, ten el valor de decir sí

Muchas veces, cuando el universo nos da lo que tanto hemos pedido, nos entra el miedo. Es el momento de no dudar y de seguir adelante.

> **Cuando el universo abre la puerta de lo que tanto hemos deseado, a veces nos asustamos. Es necesario trascender ese miedo, no ir hacia atrás, pasar por la puerta que hemos pedido que se abra. Y agradecer mientras la estamos pasando.**

Por eso es tan potente tener una visión de lo que queremos en la vida. Porque el universo colabora contigo cuando tienes las ideas claras sobre lo que quieres. **La claridad es poder. Y cuando tienes claro qué es lo que quieres, y lo pides, y lo agradeces, las puertas de lo que quieres se abren a veces por vías que no esperabas. A veces parece magia, y lo es.**

Las personas con autoestima no dejan pasar las oportunidades que se presentan ante ellas. No se dejan engañar por las propias excusas que su mente crea por el miedo.

¿Imaginas a Penélope Cruz con diecisiete años rechazando un papel por miedo a lo que pudieran decir en su entorno de Alcobendas? Ella aceptó *Jamón, jamón*, la película de Bigas Luna, cuando tenía esa edad, aunque tenía que desnudarse. Y lo aceptó porque fue consecuente con lo que había pedido y deseado durante mucho tiempo. Aprovechó la oportunidad que le brindaba el universo y se enfrentó a sus miedos. A cambio, el universo la premió: se convirtió en una de las actrices con más proyección de nuestro país en aquel momento, hizo una de las mejores películas del cine español y conoció al que hoy es su marido y padre de sus hijos, Javier Bardem.

Cuando el universo te dé algo que has estado soñando, deseando o pidiendo, di: sí. No dudes, no retrocedas, no vayas para atrás.

Tuve sesiones con Juan, un hombre maravilloso de cuarenta y cinco años que jamás había tenido una novia ni había salido de casa de sus padres, de los que se declaraba hiperdependiente. Pero deseaba con todas sus fuerzas conocer el amor con una mujer, salir de casa de sus padres y formar una familia. Tenía unos problemas de timidez muy grandes, le costaba mucho relacionarse y creía que no iba a haber quien le amara de verdad. Le ayudé a cambiar esas creencias, hizo el trabajo de autoestima que ahora estás haciendo tú y, lógicamente, apareció una mujer en su vida que estaba realmente interesada en él.

Después de meses saliendo, ella, de cuarenta años, le dijo que le amaba y que le gustaría que fuesen a vivir juntos, tener un hijo con él y formar una familia. Y ahí es cuando Juan empezó a asustarse. ¡Le daba miedo salir de su zona de confort! Cuando empecé a verle dudar, dije: «No hagas esto, por favor». Cuando empezó a contarme todas las excusas por las que no quería dar el paso de irse con ella, dije: «No puede ser lo que estoy escuchando». Me sentí muy muy triste, pues vi la oportunidad tan grande que estaba tirando por la borda. ¡Era una mujer maravillosa! ¡Su deseo había sido concedido!

Pero comprendí que no podía hacer nada: a veces el boicoteador interno es tan fuerte que hace que mis clientes desaparezcan. Y Juan no solo cortó con esa mujer para quedarse en casa de sus padres, sino que desapareció de mis sesiones de un día para otro.

Entonces, tuve que soltar esa historia para centrarme en otros que sí quisieran ser valientes de verdad e ir a por todas en esta vida.

**Tú eres lo mejor que tienes tú.
Y lo que tú no hagas por ti, por tu autoestima, por tu salud, por tus sueños, no lo van a poder hacer los demás. Toma decisiones que te lleven al lugar al que quieres llegar.**

Ejercicio

Tu visión personal está llena de deseos que hacer realidad

Una vez que has comprendido la importancia de saber lo que quieres para poder pedirlo y concentrarte en ello, es el momento de que decidas qué deseas en todos los ámbitos de la vida. Date tiempo para hacer este fabuloso ejercicio. Recuerda, mientras lo haces, que la felicidad llega por propósito, no por azar. Crear una vida plena depende de ti. Y para hacer realidad la vida que queremos, tenemos que tener mucha claridad sobre lo que queremos.

«Hay que tener fe en uno mismo. Ahí reside el secreto. Aun cuando estaba en el orfanato y recorría las calles buscando qué comer para vivir, incluso entonces, me consideraba el actor más grande del mundo. Sin la absoluta confianza en sí mismo, uno está destinado al fracaso». Charles Chaplin

Ahora te pido que abras la mente, para que no escribas solo lo que consideras posible en este momento. Piensa a largo plazo para permitirte escribir lo que quieras, aunque haya cosas que puedan materializarse mucho antes de lo que crees. Empezamos a detallar deseos en cuatro ámbitos.

Amor

- ¿Cómo te gustaría que fuera tu relación de pareja? (Responde a esta pregunta tanto si la tienes, para seguir mejorando, como si no la tienes).
- ¿Cómo es la persona a la que te gustaría conocer, para enamorarte y compartir tu vida con ella? (Responde esta pregunta si aún no tienes pareja).
- ¿Qué metas y deseos tienes en el ámbito de la amistad?
- ¿Qué deseos tienes relacionados con tu familia? (Entiende por familia en un sentido amplio, incluyendo a las personas que tú quieras).
- ¿Cómo quieres que sea tu relación con tus conocidos e incluso con los desconocidos, esas personas que te vas encontrando por ahí?

- ¿Qué metas tienes con relación a tus *hobbies*?
- ¿Qué cosas te gustaría aprender o qué cursos te gustaría hacer?
- ¿Qué viajes deseas hacer?
- ¿Qué deseos tienes en tu relación contigo mismo?

Salud

- ¿Cuáles son tus deseos con relación a tu salud física y mental?
- ¿Cómo es el cuerpo que deseas tener?
- ¿Qué hábitos te gustaría integrar?
- ¿Qué nivel de energía te gustaría alcanzar?
- ¿Qué deseos tienes en el ámbito de la belleza o el cuidado personal?
- ¿Cuánto tiempo te gustaría reservar para el descanso cada noche? ¿Y durante el día o los fines de semana?

Trabajo o contribución

- ¿Cuáles son tus metas laborales?
- Si ya eres millonario, estás jubilado o no quieres trabajar más, ¿cuáles son tus deseos de contribución al mundo? ¿Con qué quieres contribuir y cómo?
- ¿Cómo quieres ayudar a los demás?
- ¿Cómo te gustaría ser útil?
- ¿Quiénes se van a beneficiar de tu energía y de tu amor?

Dinero y patrimonio

- ¿Cuánto dinero te gustaría ganar?
- ¿Qué ahorros te gustaría tener en el banco?
- ¿Qué patrimonio te gustaría tener?
- ¿Te gustaría tener una casa en algún lugar en especial? ¿Cómo sería?
- ¿Tienes metas relacionadas con la gestión de tus finanzas?

Una vez que los tengas escritos, coge tu lista uno a uno y puntúalos del 0 al 10. Por ejemplo, si es un deseo con mucha fuerza e intensidad, ponle un 10. Si es algo que deseas, pero tampoco mucho, ponle un 5 o un 7. Por último, repasa la lista y las puntuaciones, y escribe los diez deseos más importantes, es decir, los diez deseos que quieres cumplir a lo largo de la vida con máxima puntuación.

Ya tienes una gran lista de deseos en la que enfocarte, y además tus diez deseos más importantes.

Luego, pregúntate: «De todo esto, ¿qué es lo que más deseo?». Y escribe tu respuesta.

¡Tener deseos te hace alimentar tus ilusiones en el presente y vivir con más entusiasmo! No se trata de que pongamos la felicidad en el logro de nuestros deseos ni que nos apeguemos a ellos, pues a veces algunos deseos se transforman en otros antes de llegar a cumplirse, y eso está bien.

Se trata de que aprendamos a ser felices en el proceso de hacer realidad nuestros deseos.
Se trata de que aprendamos a disfrutar con la evolución de nuestros deseos y a estar tranquilos mientras se hacen realidad.
Se trata de que confiemos en el proceso de la vida.
Se trata de que disfrutemos de la vida.

¿Cuál es la meta más grande? La meta más grande en esta vida, para ti, para mí, y para todos, es amar allá donde vayas, estés con quien estés, sea lo que sea lo que estés haciendo. Y cuanto más nos acerquemos a eso, más felices seremos.

«

La dicha es amor y nada más. El que es capaz de amar es feliz. Por lo tanto, es dichoso aquel que ama mucho.

HERMANN HESSE

»

Afirmaciones para entrenar tu mente

- Decido enfocarme en todo lo bueno ahora.
- Tengo el poder de mi propia vida.
- Decido quién quiero ser.
- Me enfoco en lo que quiero conseguir.
- Gozo del presente con alegría y amor.
- Decido vivir con tranquilidad.
- Voy a hacer realidad mi destino.
- Camino acompañado de la fuente de todo amor.
- En mi camino siempre hay amor y alegría.
- Dejo atrás lo tóxico y lo que me limita.

5

LIBÉRATE DEL RESENTIMIENTO Y SANA TUS HERIDAS

Ahora vamos a abordar algunos temas que son muy complicados para algunas personas. Hay muchísima gente que arrastra rencor y resentimiento desde hace años, y no es consciente de lo tóxico que es algo así. Necesitamos hacer un trabajo en nosotros mismos que nos devuelva el amor propio.

El perdón es lo que nos abre de nuevo al presente y a la vida. El perdón nos abre a las infinitas posibilidades.

El problema es que a veces es muy difícil perdonar. He trabajado con personas que estaban tan aferradas a sus resentimientos que me decían: «Yo no puedo perdonar eso. ¡Lo que me hizo es imperdonable!» Y mientras lo decía, moviendo la cabeza y contrayendo los músculos del rostro, informaba de la gran amargura que albergaba en el corazón.

No digo que eso que sucedió fuese agradable ni que fuera justo, lo que digo es que es el momento de liberarse de todo eso. Yo quiero ayudarte.

Cuando algo te ata al pasado, no te amas, porque el amor verdadero solo puede estar en el presente. ¿Te ha pasado que a veces vas por la vida como si llevaras una pesada mochila a la espalda, de forma que te cuesta mucha energía avanzar y sientes agotamiento?

Tal vez sea que llevas la mochila cargada de experiencias dolorosas que te roban la fuerza y de las que conviene liberarse ahora. ¡Porque no hay tiempo que perder!

«

Sal de la historia que te está frenando.
Entra en la nueva historia que te dispones a crear.

OPRAH WINFREY

»

Ejercicio

Para empezar a trabajar, voy a pedirte que escribas en tu cuaderno 25 veces la siguiente frase:

Me libero de las cadenas del pasado, me sano de todo dolor y me abro completamente a los regalos del presente.

Siente, mientras escribes o pronuncias esa poderosa afirmación, cómo el pasado se va quedando atrás y se queda lejos y se disuelve.

Sería muy bueno que escribieras esa afirmación veinticinco veces cada día a lo largo de toda la lectura de este capítulo. Recuerda que es muy importante aplicarse y ser disciplinado para ver mejores resultados.

Si en este momento de tu vida estás sufriendo por algo del pasado, tienes una oportunidad de sanar tu alma, de curarte por dentro, de amarte más y mejor y prepararte para ser más fuerte emocionalmente, para salir al mundo de nuevo y vivir de un modo más consciente y más pleno.

¡Estás en el mejor momento de tu vida para vivir focalizado en el presente!

Mi amiga Luisa Martín me decía ayer: «El resentimiento es incluso peor para la salud que la comida basura», y creo que tiene razón. **Vivir con resentimientos es altamente peligroso para la salud.**

Hay muchísimos estudios científicos y médicos de vanguardia que nos informan de cómo las emociones negativas son tóxicas para nuestro organismo y debilitan nuestro sistema inmune haciéndonos mucho más vulnerables a todo tipo de enfermedades.

El investigador Michael S. Berry, que trabajó en los Centros para el Tratamiento del Cáncer en EE. UU., publicó un libro, *The*

Forgiveness Project (2010), en el que explica que el perdón fortalece nuestro sistema inmunológico y la falta de perdón inicia la enfermedad.

Todo esto no quiere decir que no sea normal sufrir. Temer el sufrimiento genera más sufrimiento, y ese no es ni mucho menos el objetivo de este libro.

Cuando hemos tenido un daño en el pasado, es normal sufrir, por supuesto.

Pero podemos vivir más libres de sufrimientos innecesarios. Es perfectamente posible: **el problema es que en esta sociedad nos han enseñado muchas cosas, pero no a entrenar la mente para reducir, o eliminar por completo, el sufrimiento psicológico**.

Es una habilidad que ahora quiero enseñarte a ti. Porque...

> **Si algo te hizo sufrir en el pasado,**
> **¿para qué vas a seguir sufriendo también ahora?**
> **¡No tiene sentido!**

Ahora que sabemos que el resentimiento es veneno para nuestra mente, nuestro cuerpo y nuestro espíritu, ¿para qué vamos a querer quedarnos con un poco de veneno? Lo vamos a transformar en medicina, por lo menos tanto como podamos.

> **Una vez disuelto el rencor, estás en disposición de vivir el presente y avanzar con amor y alegría hacia la vida que deseas.**

Ejercicio de introspección

Este ejercicio no es agradable para muchas personas, pero es muy necesario. Me gustaría que te dieras tiempo para reflexionar sobre los dolores del pasado: escribe una lista con situaciones, cosas, personas, acontecimientos, experiencias que te dolieron en mayor o menor medida. No quiero decir que tuvieras razón, sino, simplemente, que reconozcas que te dolieron. Por el momento, prefiero hablar de dolor porque la palabra *trauma* queda más grande para algunas personas (lo trabajaremos en otro apartado).

Una vez que tengas la lista, descubre y pesca cuáles de esos dolores aún no están sanados y te generan resentimiento. ¿Cómo sé si tengo resentimiento o no? Cuando no hay resentimiento, podemos mirar a esa experiencia del pasado y sonreír tranquilamente; cuando hay resentimiento, sentimos turbación o alguna emoción negativa. Es posible que también se despertara algún resentimiento cuando alguna cosa no salió como tú querías. Tranquilo: solo haz tu lista, hazte más consciente.

Muchas veces pensamos que necesitamos perdonar solo a personas de un pasado remoto o lejano, pero se nos olvida que en el día a día surgen nuevos resentimientos que conviene limpiar. ¡Es necesario mantener limpio el jardín de las malezas! ¿Imaginas que tienes un jardín en tu casa y lo riegas y limpias solo una vez cada tres años? ¡Estaría hecho un desastre!

Los seres humanos cometemos tantos errores que nos hacemos agravios y provocamos daños unos a otros, en mayor o menor medida, constantemente, así que el trabajo de limpieza debe ser constante.

Ejercicio

Este ejercicio que te propongo a continuación es perfecto para hacer una limpieza emocional con nuestro pasado y aligerar la mochila. ¿A quiénes necesitas perdonar? Puede que algunas de esas personas a las que necesitas perdonar aún estén en tu vida, otras no. No importa. Lo que quiero es que los perdones a TODOS y a todo, incluido a ti mismo. ¡Todos somos seres humanos! Mi hermana Enri me escribió una vez: «Hay que perdonar a todos, porque quien te hizo daño actúa sin mala intención, pero, aunque hubiera mala intención, hay que perdonar también». Así que... ¡a perdonar!

Es el momento de que escribas la lista de las personas concretas que consideras que te hicieron daño, tengas razón o no. Todas las personas a las que necesites perdonar. Una vez que tengas la lista actualizada, mírala, toma respiraciones profundas y manda amor a cada una de esas personas mientras dices: «Te perdono, te libero y me libero de todo resentimiento. Eres libre y yo soy libre. Transformo todo lo malo que pueda quedar en mi interior, aquí y ahora, en amor y compasión».

¿Significa eso que ahora vas a retomar la relación? A veces sí y a veces no, y otras veces la relación se ha transformado incluso en algo más consciente y maduro. Es el momento de redefinir la relación que tienes con esas personas que sientes que te agraviaron. En algunos casos estarán en el pasado, pero aun así sentirás más paz. Sin embargo, en otros aún están en tu presente. Eres tú quien puede decidir cuánto quieres compartir con esas personas, pues eres libre de cultivar unas relaciones u otras. ¡Recuerda que hay abundancia ilimitada de personas!

Ahora bien, si tus heridas son más profundas o tienes un resentimiento más grande en este momento, tendrás que hacer el ejercicio de visualización anterior más veces y te tocará trabajar más a fondo para liberarte del todo.

Escribiendo este libro me di cuenta de que yo albergaba en mi interior un gran resentimiento que me estaba haciendo muchísimo daño.

La causa del resentimiento venía desde tiempos inmemoriales, ligada a ciertas injusticias vividas por mi condición sexual. La herida se había hecho mucho más grande desde que tuve la enfermedad del corazón y sucedió algo que no esperaba y me descolocó. Tal vez me estuviera haciendo daño yo mismo, pero me di cuenta de que mi alma estaba muy herida.

No pienso entrar en detalles de lo que ocurrió, pues es algo estrictamente privado y no estoy seguro de que yo pudiera ser comprendido, y tampoco creo que haya culpables. En uno de los momentos de máxima vulnerabilidad de mi vida, cuando más débil y solo me sentía, me vi envuelto en una decepción muy grande que me provocó un gran dolor.

La otra parte cree que yo estoy totalmente equivocado; es posible. No digo que yo tuviera razón en todo lo que decía ni que nadie tuviera que darme la ayuda que yo necesitaba. Lo que digo es que sufrí mucho y se me generó un resentimiento grande que se fue agravando por las cosas que sucedieron después.

Repito que no digo que tenga razón. ¡El resentimiento era mío! ¡Tenía un problemón muy grande! ¡Yo no quería vivir así!

Cuando tengas resentimiento:

- **Identifica y escribe su causa de forma concreta.**
- **Identifica los pensamientos que están alimentando el resentimiento.**
- **Sé consciente de la forma en que te está dañando y limitando el resentimiento.**
- **Márcate un nuevo objetivo: liberarte de él para siempre.**

«Tú no te puedes permitir vivir con resentimiento, Curro, sabes lo malo que es», me dije, y me marqué ese objetivo.

Así que empecé la tarea de disolver ese resentimiento y de curar mi herida. Por eso te digo que seas paciente: el objetivo debe ser claro, pero unas veces te resultará más fácil que otras. En un año he ido a un taller en el extranjero con una famosa gurú de fama internacional, hice sesiones con un terapeuta gestalt y acudí a un retiro de la Iglesia de fin de semana. Viajé a Jerusalén, caminé por las mismas calles que recorrió Jesús y me arrodillé ante su tumba. He pedido amor, comprensión y respuestas a la Inteligencia Infinita, y sé que están llegando.

> **Cuando te caigas, a veces te ayudarán. A veces intentarán ayudarte, pero no sabrán cómo hacerlo. Otras veces alguien te decepcionará. Lo que nunca debes olvidar es que tienes la fuerza para levantarte tú solo. Hay una persona que jamás debes permitir que te falle: tú mismo. No lo olvides nunca: tú tienes todo lo que necesitas para salvarte.**

El día 25 de diciembre de 2022 fui a la catedral de la Almudena, en Madrid, y estaba sorprendentemente vacía. Me senté en una de las últimas filas, frente al altar, y, como era temprano y todavía no había misa, me puse los cascos con música relajante de piano y cerré los ojos durante un rato, hice respiraciones profundas, me dejé envolver por la espiritualidad de ese lugar mágico. Puse mi intención en conectar con algo o alguien más grande que yo. Y pedí ayuda.

Cuando necesites perdonar y no sepas cómo hacerlo, afirma con sinceridad:
Estoy dispuesto de verdad a soltar y a perdonar.
Estoy dispuesto de verdad a soltar y a perdonar.
Estoy dispuesto de verdad a soltar y a perdonar.
Y la vida encontrará la manera.

Me llegó un mensaje que por momentos me hizo acariciar el perdón verdadero y sentí una gran alegría en el corazón: «**Trasciende todas esas actuaciones y ve a lo que hay detrás. Todo resentimiento se puede disolver cuando trasciendes las apariencias, las opiniones, el mundo material y de la forma, y accedes a niveles más profundos. No debes tener miedo: confía en ti y en tus capacidades. Ahí está la verdadera sanación: en el aquí y el ahora libre, eterno, inmortal**».

Después de eso, estarás en disposición de entender con mucha humildad el aprendizaje que había para ti, solo para ti, en lo sucedido.

El resentimiento llega a tu vida para enseñarte algo que tiene que ver contigo mismo, no con la otra persona.

La otra persona tendrá sus propios aprendizajes y eso no es asunto tuyo.

Si te fijas bien, detrás de esos resentimientos encontrarás miedo y falta de confianza en la vida. Una vez más, puedes ver que el miedo, que tantas veces se apodera de nosotros, es el único enemigo. Hay que seguir trabajando en eso.

Y también será positivo que recuerdes que nada es casual en esta vida y así descubras para qué viviste lo que viviste. Por eso, muchas veces, cuando vivas algo doloroso, hazte la siguiente pregunta: **¿Qué necesito aprender yo de esta experiencia?**

¡Escribe! ¡Escribe tu respuesta! Tal vez necesites recordar que **eres un poderoso creador, que puedes ser, hacer y tener todo lo que quieras,** y que lo que sucedió es lo que necesitabas para tu evolución.

«

Aprendí a ser fuerte cuando entendí
que debía levantarme yo solo.

DANIEL GALÁN

»

Dani tiene razón, pero cuando decides levantarte cueste lo que cueste, las ayudas aparecen, siempre, a veces de formas sorprendentes. La mente puede jugarte muy malas pasadas, así que a veces disolver un resentimiento se consigue rápidamente y otras, como he dicho, lleva más tiempo y más trabajo. Pero, si tienes la intención clara de trascender lo que ha sucedido, tarde o temprano lo conseguirás. Cuando lo consigas, hayan pasado meses, un año o incluso más, lo sabrás. Y debes ir a celebrarlo por todo lo alto. ¡Haz una fiesta cuando te liberes del todo de un gran resentimiento! Porque de verdad que es una noticia extraordinaria. Supone pasar de la enfermedad a la salud, de la prisión a la libertad, gracias a tu trabajo mental.

Liberarte del resentimiento supone liberarte del mal.

¿Y qué pasará con la relación que tenías con esa persona? Depende del momento vital que cada una esté viviendo, de lo que ahora podáis y queráis ofreceros mutuamente.

Cuando hay amor, se pueden derribar todos los muros. No importa quién sea el culpable, lo que importa es que haya intención verdadera de derribar el muro, solucionar los problemas y volver al amor. ¡Paciencia!

Si todavía te resulta difícil asimilar esto que escribo, no olvides algo: puede que aún no sepas cómo va a ser la solución, pero nunca pierdas la fe en que el resentimiento va a disolverse.

Si aún necesitas fuerzas para perdonar, recuerda lo que decía san Francisco en esta bellísima oración que todos deberíamos leer a diario:

«

Que allí donde haya odio ponga yo amor;
donde haya ofensa ponga yo perdón;
donde haya discordia ponga yo unión;
donde haya error ponga yo verdad;
donde haya duda ponga yo fe;
donde haya desesperación ponga yo esperanza;
donde haya tinieblas ponga yo luz;
donde haya tristeza ponga yo alegría.
¡Oh, Maestro!, que no busque yo tanto ser consolado
como consolar; ser comprendido como comprender;
ser amado como amar.
Porque dando es como se recibe; olvidando, como se
encuentra; perdonando, como se es perdonado.

»

Ejercicio

Para perdonar

Primer paso. Escribe en tu cuaderno una carta a una persona a la que necesites perdonar; explica en ella los motivos por los que estás enfadado o triste. «Necesito perdonarte por...». Esta carta solo la leerás tú: sé honesto.

Segundo paso. A continuación, para que comprendas cómo te ha hecho crecer la experiencia, detalla y escribe todas las cosas positivas que han salido o que podrán salir de ella.

Tercer paso. ¿Tienes algo que agradecer a esa persona? Puede que, aunque, según tú, cometiera un error muy grande, también haya hecho otras cosas por las que te sientas agradecido. Escríbelas.

Cuarto paso. ¿Cuándo has hecho tú lo mismo o algo parecido que esa persona? Escríbelo, date cuenta, toma conciencia.

¿A quién tienes que pedir perdón?

Cuánto nos cuesta a veces perdonar a otros sus errores y, sin embargo, qué poco miramos los nuestros haciendo un ejercicio de autoconciencia.

Igual que se equivocan otros, también te equivocas tú. Y es muy bueno que vivamos conscientes de nuestros errores diarios y estemos dispuestos a pedir perdón.

Es realmente importante que cada día hagas autoconciencia y seas muy sincero, y cuando descubras que has cometido un error, debes ir a la persona agraviada, reconocerlo y pedir perdón con humildad, mejor sin excusarte o justificarte.

Ahí está la clave: darte cuenta.

Al darte cuenta de tus errores, automáticamente creces.

Pedir perdón a quien hemos hecho daño es un acto de amor y generosidad hacia esa persona y hacia ti mismo.

A veces cometemos errores más sutiles y también podemos reconocerlos. Por ejemplo, cuando mi amigo Jose Bravo Martín se separó de su pareja de diez años, yo no fui muy consciente de todo lo que me necesitaba. En aquel momento yo siempre estaba atareado y no había comprendido lo importante que es tener tiempo de sobra para los amigos. Además, me fui de Madrid un montón de meses a escribir y, aunque hablábamos por teléfono, solo años después me he dado cuenta de que lo abandoné y de que, sin embargo, él nunca me había abandonado. Él jamás me echó nada en cara y mucho menos reconocería esto, pues nunca quiere hacerme sentir mal.

Al darme cuenta, entendí que el compromiso con mis amigos tenía que ser más grande. Le pedí perdón y le dije: «Jose, nunca más volveré a desaparecer». Lo más bonito es que nuestra amistad no ha dejado de crecer en el último año.

Ejercicio de reflexión

Es el turno de hacer un ejercicio interior con total honestidad para descubrir en qué momentos hemos herido o cometido errores con otras personas.

Escribe una lista en tu cuaderno con las **personas a las que heriste de alguna forma y nunca pediste perdón**. Decide si puedes contactar con esa persona para pedirle disculpas, llamarla o quedar para hacerlo. En el caso de que no puedas, o no quieras, escríbelo en un papel. Después, cierra los ojos, imagínate a esa persona y pídele perdón.

El perdón a ti mismo

«

He llegado a creer que todos mis fracasos y frustraciones del pasado no fueron sino los cimientos de las comprensiones que me han permitido crear el nuevo nivel de vida del que disfruto ahora.

TONY ROBBINS

»

A veces pasamos por alto algo muy importante: el perdón a nosotros mismos. A veces somos los más duros con nosotros. ¿De qué te tienes que perdonar tú?

Pues yo te digo: **perdónate y vive. Porque el mayor error que puedes cometer es aferrarte a excusas que te lleven a dejar de vivir**.

La vida no espera y el momento de vivir es ahora.

La sanación del trauma

Amarnos a nosotros mismos también supone tenernos compasión. No estamos hablando de ignorar las cosas. Hemos mirado el dolor del pasado, pero hay ciertos acontecimientos, especialmente graves, que nos marcaron más hondo y que están en nuestro subconsciente. Para amarnos tal y como somos conviene sacarlos a la luz. Es necesario saber cómo nos afectan esas grandes heridas en el presente.

Explicaré varios casos reales.

El año pasado trabajé con Iván, un hombre espectacular que había sufrido de niño lo que no puedes imaginar. Una madre déspota que le pegaba palizas constantemente y que jamás le quiso como él merecía había hecho que Iván llegara a adulto con un trauma inmenso.

Iván y yo hicimos un trabajo de sanación y está logrando sacar su vida adelante con la familia que él ha construido y dándole a su hijo todo el amor que a él no le dieron.

También trabajé en sesiones con una joven preciosa de diecinueve años, Paula, que estaba muy traumatizada porque en el colegio se rieron de ella durante años. A las burlas constantes de sus compañeros se unió la falta de sensibilidad de una de sus profesoras, que en lugar de ser considerada con el problema de Paula fue cruel hasta el punto de que no le permitía llamar a su madre en el descanso. Paula tiene un sobrepeso muy grande, pero poco a poco está cambiando sus hábitos y aprendiendo a amarse a sí misma.

Paula tiene el sueño de llegar a trabajar en lo que ama, pero lo ha pasado tan mal que cada vez que intenta ir a clase para estudiar lo que podría llevarla a lo que ama tiene que salirse antes de empezar. Se pone literalmente enferma, una terrible ansiedad se apodera de ella y siente la necesidad de escapar. Y escapa. No consigue estar en una misma sala con más gente.

Cuando empezamos a trabajar en sesiones particulares ella fue muy consciente de que estaba atada al pasado, un pasado en el que había sufrido muchísimo, y ese pasado traumático le hacía creer que en el presente le iba a pasar lo mismo. ¡Su mente inconsciente piensa que se van a reír de ella, que le van a hacer daño, que no está segura en una clase con otras personas!

Hicimos un trabajo de perdón muy profundo hacia esas personas que se rieron de ella y hacia su profesora, y poco a poco se fue sintiendo más segura. Al final, consiguió venir a uno de mis cursos, estar rodeada de gente y no escapar huyendo de la sala. Incluso habló con Álex González, un joven mágico que se sentó cerca de ella. ¡Fue todo un logro!

Paula tenía un trauma muy grande, pero es tan maravillosa y sus padres la quieren y apoyan tanto que yo sé que lo va a superar, y si he contado esa historia es para que seamos conscientes de cuánto nos afectan esas heridas infantiles en la edad adulta. El paso que puedas dar ahora es el que debes dar.

Paula dio el paso que podía dar y por el momento hizo su trabajo. Ya está más cerca de poder ir a una clase llena de gente.

«

A veces tienes que retroceder para poder avanzar.
Y no me refiero a volver atrás para revivir las cosas o perseguir fantasmas: me refiero a retroceder para ver de dónde vienes, dónde has estado, cómo llegaste aquí.

MATTHEW MCCONAUGHEY

»

¿Qué es un trauma?

Un trauma es un acontecimiento altamente doloroso que hubo en nuestra vida cuando éramos muy inocentes y no sabíamos defendernos, y que se quedó dentro de nosotros.

Reconocer nuestros traumas es terapéutico, supone vivir sin dar la espalda a la realidad. No significa que estemos regodeándonos o haciéndonos las víctimas, pues todos podemos superar los traumas y sacar la vida adelante.

Supone que entendamos muchas de nuestras inercias, de nuestros dolores, de por qué actuamos como actuamos y por qué nos duelen unas cosas más que a otras personas.

Lady Gaga, que además de ser cantante mundialmente famosa es una mujer capaz de hablar de sus propios traumas públicamente, lo explica en su propia experiencia:

Pasé una época horrible en mi cabeza, que aún estoy solucionando, y estoy tratando de asegurarme de que aporto algo con esta experiencia que viví, en lugar de guardármelo para mí y fingir que todo está bien. Es un problema que tuve cuando era muy joven. Sufrí abusos. Y me hacía cortes de adolescente. Creo que ese deseo de cortarme, en mi caso, procedía de la necesidad de demostrar el daño que llevaba dentro.

Tenía diecinueve años y ya trabajaba en la industria de la música cuando un productor me dijo: «Desnúdate». Le dije que no. Me dijo que iba a destruir mi carrera musical. Me di cuenta de que **era el mismo dolor que sentí cuando la persona que me violó me dejó embarazada en una esquina**, en la casa de mis padres, porque estaba vomitando y enferma, porque había sido abusada. Estuve encerrada en un estudio durante meses.

El proceso de curación de mi salud mental ha sido lento. Un ascenso lento. Aunque tenga seis meses magníficos solo me hace falta un desencadenante para sentirme mal. Y con sentirme mal me refiero a querer cortarme, pensar en morir, preguntarme si voy a hacerlo.

He aprendido todos los métodos para salir de ahí. Poco a poco, todo empezó a cambiar. A quienes estáis en casa ahora sufriendo, quiero deciros que es muy importante que os rodeéis de al menos una persona que os valore. Cuando digo que te valore, significa que alguien crea en ti, que se preocupe por ti y que te diga que tu dolor importa. Y que es real.

> También os digo que hay una forma de regularse. Si me concentro y digo: «Vale, voy a despertarme, voy a hacer terapia, voy a conectar con la tierra o a dar las gracias, y voy a mover el cuerpo, voy a comer sano y haré las cosas que sé que son sanas para mí. Voy a tocar el piano, cantar un poco, me cepillaré los dientes, me daré una ducha. Lo haré todo conscientemente. Si hago muchas de estas cosas seguidas, si sigo adelante y digo: "Stefani, sé valiente. Debes ser más valiente. Sigue adelante"». Sigo así y, antes de darme cuenta, estoy en mi jardín. Me digo: «Vale, bien, he vuelto».

No sé si tú, que me estás leyendo, has vivido acontecimientos traumáticos, pero, si es así, quiero que sepas que puedes superarlos. Hay millones de personas en el mundo que han rehecho su vida después de experiencias muy muy graves.

Tuve una sesión doble con una clienta que no se habla con su madre desde hace años. Su madre también le pegaba palizas y ella se escapó de casa a los dieciocho años. Se puso a trabajar en lo que encontró, hasta que cayó en la prostitución. Después de años prostituyéndose, buscó la manera de salir de ahí, tomó decisiones desde el amor a sí misma y al final consiguió empezar a trabajar en lo que le apasiona: el cuidado de los animales. ¡Ahora se gana la vida de su pasión!

Fui a dar una conferencia a una bella ciudad del norte y allí conocí a un chico interesantísimo y muy mono, Adrián, de treinta y cinco años, que no solo me paseó por toda esa maravillosa ciudad, sino que luego me llevó a cenar por el casco histórico. Le vi un anillo en el cuello.

—¿Y ese anillo?

—Es de mi marido.

—Ah, ¿estás casado? —le pregunté, algo sorprendido, pues yo pensaba que estaba ligando conmigo.

—Mi marido murió hace un par de años.

Le pedí permiso para preguntar más a fondo por el tema y me dijo que preguntara todo lo que quisiera. Y así me contó cuánto le quería, la pareja tan bonita que hicieron durante diez años, lo felices que fueron.

—Veo que estabas muy enamorado —le dije.

—No, muy no. Estaba enamorado. Estar enamorado es lo máximo, el *muy* es innecesario.

Adrián vivió un acontecimiento traumático, ver a su pareja morir de cáncer con treinta y pocos años, y ese trauma le llevó al abandono total, hasta que llegó al psiquiatra con la cara demacrada, el pelo y la barba largos y descuidados, pues no pasaba por la peluquería desde hacía meses. Y le dijo: «Tenemos que hacer algo, yo me estoy dejando morir».

Así inició un trabajo profundo de reconstrucción que dio buenos resultados, de forma que cuando yo le conocí Adrián ya estaba fuerte, queriendo disfrutar de nuevo de su vida, aunque seguía acordándose con mucho amor de su marido.

Más historias positivas

La cantante Tina Turner, que ahora tiene ochenta años y una fortuna de doscientos millones, no vivió un cuento de hadas precisamente. Cuenta en su maravillosa biografía[3] algunos de sus acontecimientos más traumáticos. Tomó el control de su mente, de su vida y de su cuerpo pasados los cuarenta y cinco años, y tú también puedes hacerlo. En aquel momento estaba arruinada y sin un solo dólar ahorrado. Lee con atención lo que dice ella misma, pues así comprenderás cómo puedes cambiar tus circunstancias, en la medida que quieras, hasta transformarlas por completo:

> Sufrí durante años la violencia doméstica, tanto emocional como física. Los labios rotos, los ojos morados, las articulaciones dislocadas, los huesos fracturados y la tortura psicológica se convirtieron en parte de mi día a día... La presión por conseguir éxitos intensificó sus inseguridades y aumentó el consumo de drogas, con lo cual sus accesos violentos se hicieron más frecuentes. Finalmente, en 1968, estaba tan deprimida y abatida que no podía pensar con claridad. Lo único que podía sentir era que había llegado el fin. Una noche, antes de prepararme para salir al escenario, intenté suicidarme tomando cincuenta pastillas para dormir. La gente que estaba entre bastidores se percató de que algo me pasaba y me llevó corriendo al hospital; eso me salvó la vida.
>
> Debes saber que siempre que sientas que tu estado de vida se está sumergiendo en los mundos inferiores, puedes levantarte. A veces puedes hacerlo con esfuerzos relativamente simples: centrar la mente, hacer yoga, correr, nadar,

3 Tina Turner, *La felicidad nace de ti,* Ediciones Luciérnaga (Barcelona), 2019.

entrenar, hacer ejercicios de respiración, dar un paseo, agitarte o, como muchos de nosotros aprendimos en el jardín de infancia, tomarte un descanso o echarte una siesta a veces puede hacer maravillas. Si estos métodos no son efectivos para elevar tu estado mental, puedes explorar otros caminos, como la oración, el canto, la meditación o el estudio. Elige el que te funcione mejor.

Si no hubiese hecho el viaje yo misma, me parecería un cuento de hadas. Pero eso es exactamente lo que hice: provoqué que mis sueños, mi idea de un cuento de hadas, se hicieran realidad. Cualesquiera que sean tus sueños, sé que también podrás convertirlos en realidad.

Un joven muy guapo y sorprendentemente sabio y profundo, de Bilbao, vivió una experiencia traumática. Se llama Ander Arteagabeitia. Un día fue a una barbacoa con sus amigos y, al tirarse a la piscina, sufrió un accidente que le dejó tetrapléjico. Hoy en día, tras muchísimas operaciones, afirma:

> De un día a otro, tu vida cambia y te tienes que adaptar a una nueva manera de vivir. A una manera diferente. Llevaba 27 años acostumbrado a hacer cosas que de la noche a la mañana tuve que cambiar. Puedo decir que hay momentos muy difíciles, los cuales sirven para valorar los momentos maravillosos. Cuando pienso que me falta algo, lo único que me falta es la actitud para valorar lo que sí tengo. Porque es verdad que no lo tengo todo en cuanto a físico, pero sí que tengo todo en cuanto a energía se refiere. Que al final es lo

> que somos. En nuestras manos está el transformar esa energía en tener una vida plena. He aprendido que la mayor de las lecciones es la de apreciar el milagro que es el simple hecho de vivir.

¿Qué te decían tus padres cuando eras niño?, ¿te decían que no valías, que eras un inútil, que te iban a abandonar si eras malo?, ¿hubo alguien en el colegio que se metiera contigo de forma repetida?, ¿vivías en un hogar de amor o escuchabas gritos y peleas un día sí y otro también?, ¿sufriste abusos sexuales o de otro tipo?, ¿una pareja a la que amabas y en la que confiabas totalmente te traicionó llevando una doble vida durante un tiempo?, ¿sufriste abandono por parte de alguien y ahora temes que la gente te abandone?, ¿has perdido a alguien a quien querías por una muerte inesperada?, ¿te has tenido que enfrentar a una enfermedad grave que te ha transformado? Todas esas preguntas pueden darte pistas sobre si tienes traumas o no.

Cuando yo era niño pasé mucho miedo, porque yo era defectuoso, como se confirmó cuando comenzaron las burlas en el colegio por mi forma de ser, luego por mi manera de hablar, por mis gestos... Viví en silencio todas esas burlas que empezaron a los cinco años y que de un modo más o menos sutil duraron hasta la universidad. Todo por ser diferente.

Hace dos veranos, escribí en un papel todos estos traumas, y muchos más, y cité a mis hermanas. Les dije: «Os voy a decir cuáles han sido mis traumas; por favor, no pretendo que me aconsejéis nada, solo necesito que me escuchéis», y se los leí, porque me di cuenta de que jamás había verbalizado mis traumas con gente cercana y de que era muy importante hacerlo, no para darles más bombo, sino para aceptarlos, mirarlos y poder llegar a un estado de comprensión y amor más grandes.

Al igual que yo, necesitas comprender tus heridas, tus problemas de autoestima, tus caídas y por qué necesitas trabajar tanto en ti mismo, para poder sacar tu vida adelante.

Ejercicio de reflexión

Elige una persona de tu confianza. Dile que estás haciendo un ejercicio de crecimiento personal de Curro Cañete que consiste, simplemente, en verbalizar tus traumas. Dile que solo necesitas de ella que te escuche de forma activa, sin interrumpirte, hasta que hayas terminado.

Queda con esa persona en el momento adecuado para ti. **Mirándola a los ojos, cuéntale tus traumas y dolores del pasado.** Puede que llores. Todo es bueno. Cuando hayas terminado, dale un gran abrazo. Y ya has terminado el trabajo de verbalización, que es muy sanador.

Por supuesto, puedes ofrecerle a esa persona que haga lo mismo, si es que quiere. En ese caso, tú escucharías sin interrumpir.

Esas heridas especialmente profundas nos transforman y tienes que tomar conciencia de ellas. Cuando llegas a adulto, tienes una herida grande que te lleva a lo que en psicología se llama *flashback emocional*.

La compasión por ti mismo te ayudará a que te des mucho amor cuando una herida empiece a sangrar. A veces una herida sangra porque vivimos algo en el presente que nos lleva a esa situación dolorosa en el pasado. Nuestro cerebro hace una asociación automática y tú, sin saber por qué, empiezas a sentirte muy muy mal. Es el momento de darte mucho mucho amor.

> **Para ser feliz a veces es necesario pensar más allá de lo que sientes. Es necesario pensar más allá de tu herida. Es necesario ser capaz de ver la realidad desde un prisma más elevado.**

Ahora quiero que entiendas cómo esos traumas o heridas te condicionan en el presente. ¿Te ha pasado que algo que no tendría por qué afectarte tanto de repente te afecta muchísimo? ¡Estás reviviendo un trauma! Y el hacerte consciente de que esa situación no es en sí tan mala, sino que se convierte en mala porque revives ese fantasma, hace que te sientas mucho más tranquilo.

Y es que, cuando somos adultos, **a veces experimentamos situaciones que nos hacen conectar con heridas de cuando fuimos niños**. Son como *flashbacks* emocionales que nos pueden hacer sufrir mucho.

Mi sobrina María Medina, de treinta años, ha pasado en los

últimos años grandes crisis personales que está superando de forma muy valiente. Para que entiendas del todo cuándo un *flashback* emocional te está jugando una mala pasada, te contaré la anécdota que compartió conmigo, pues lo explica maravillosamente bien:

> Lo de los *flashbaks* emocionales me ha servido mucho. El otro día estaba en el trabajo y ocurrió una cosa muy sutil con mis compañeros que me hizo sentir superpequeña y poco valiosa. Me invadieron una vergüenza muy grande y un deseo de esconderme, y un montón de pensamientos muy duros (y falsos) sobre mi poca valía, etc. Pero, dado un punto, pude decirme: «María, estás teniendo un *flashback* emocional, y estas emociones que tienes no se corresponden a lo que está pasando ahora, sino que te han llevado a momentos de tu adolescencia o niñez».
>
> Entonces pude darme cuenta de que me estaba sintiendo exactamente igual que en algunos momentos en el colegio y que mi respuesta emocional era porque estaba en el pasado y mi mente había entrado en un lapsus de olvidar todos mis avances y todo lo bueno que me ocurre en el presente. Y entonces, al entender el proceso, pude calmarme y rebatir los pensamientos negativos con lógica y con cariño, y contarme otra historia. Esto me sirvió mucho para relajarme y para dar sentido a mis desregulaciones emocionales.

Ejercicio

¿Qué hacer con el vacío emocional que a veces todos sentimos?

En mi práctica de años con consulta privada, he aprendido que casi todas las personas viven, en mayor o menor medida, momentos de vacío emocional. Es un sentimiento de soledad profundo y de desamparo, que según los traumas y dolores que tuvieron en la infancia y adolescencia son más frecuentes o menos. ¡Estos momentos los experimentan incluso personas con una vida muy plena!

Cuando te encuentres en uno de estos momentos, míralo como una oportunidad para amarte más a ti mismo, para apoyarte y comprenderte.

Pasos para aliviar el sentimiento de vacío emocional:

1. Date cuenta de que estás atravesando un momento de vacío.
2. En lugar de huir de él (con comida, adicciones, sexo...) decide investigar más la experiencia para aprender de ella.
3. Escribe lo que sientes, trata de escribir exactamente lo que sientes, cómo lo sientes, y date cuenta de si al escribir vas percibiendo cierto alivio.
4. Habla contigo mismo: tienes el poder de tranquilizarte a ti. Lo primero, hazte entender que NO HAY PELIGRO EN EL PRESENTE. Posiblemente estés reviviendo una herida del pasado, un daño del que a lo mejor no eres ni siquiera consciente. Date cuenta de que eso que en el pasado te hirió no puede herirte ahora porque no estás en peligro.

5. Afirma: «Esto también pasará porque ya está pasando». Es bueno que tengas en cuenta que ese sentimiento de vacío, que sienten la mayoría de los seres humanos, va a pasar. Es algo temporal. No dejes que la mente te engañe. Los pensamientos que vienen en ese momento NO SON CIERTOS. Son pasajeros. Es como si estuvieras atravesando una borrasca. ¡No te los creas!
6. Comprende que ya no eres el niño indefenso que fuiste, que lo que estás imaginando (que te falta algo que no tienes y que cuando lo consigas no notarás ese sentimiento de vacío) no es real. Dile a tu niño interior que le quieres y que está a salvo, pero al mismo tiempo recuerda que eres UN ADULTO PODEROSO, lleno de recursos y capacidades.
7. **Busca ayuda** en tus personas medicina. No tienes que salir huyendo, pero sí necesitas personas con las que compartir tu vida, relaciones sanas, gente que te comprenda y te apoye. ¿Quiénes son esas personas medicina para ti? Búscate cómplices a los que puedas escribir o llamar, simplemente, para decirles: «Estoy atravesando un momento de vacío».
8. Sigue cultivando en tu vida lo que sabes que te hace bien. ¿Cómo llegaste hasta este vacío? Tal vez no encuentres ninguna causa, pues puede deberse a que se abrió una herida del pasado activada por algo de lo que fuiste inconsciente, o por un pensamiento. Pero tal vez sí identifiques la causa. Quizá alguien te rechazó. ¡No eres menos valioso porque alguien te rechace! Tal vez alguien te recordó a algo que sufriste. Puede que te expusieras a estar con personas que sabes que son tóxicas para ti. Quizá sucumbiste a un mal hábito. O no dormiste

y estás extenuado. Es posible que estés en una época de mucho estrés. Tal vez no estés cuidando tu salud o tu alimentación, o hayas abandonado el ejercicio. Quizá encuentres causas o quizá no. Si las encuentras, escríbelas. Es bueno que vayas identificando qué te hace daño y que te tomes muy en serio alejarte de ello.

9. Deja pasar el tiempo. Descansa. No te exijas demasiado. Prácticas buenas pueden ser ver un vídeo en YouTube de gente positiva con historias de superación. Dar un paseo si aún es de día y quieres pasear. Darte un baño de agua caliente o una ducha. ¡Juega con tu perro! O permítete llorar a lágrima viva hasta que te vayas calmando.
10. Compréndete. Yo te comprendo, palabra. Comprendo tu dolor y que te sientas impotente porque los demás no te entienden. Comprendo que te sientas mal porque tus familiares o tus amigos no te entienden. Todo eso no importa. Entiéndete tú. Basta con que te des tu apoyo y te comprendas tú.

Tienes unas heridas y las estás sanando.

Un día fuiste un ser indefenso y lo pasaste mal. Tal vez te rechazaron. Pero ahora no te vas a rechazar tú.

Puedes sanar porque ya estás sanando.

Yo mismo viví hace poco algo parecido a lo de mi preciosa sobrina. Este verano fui a la playa con unos amigos con los que tenía mucha confianza. Pero estos amigos se juntaron un día en la playa con otro grupo de conocidos mucho más grande. Uno de ellos era muy *divertido* y se burló de mí delante de todos, imitando mi voz y mi acento mientras reía a carcajadas. Era un chico majo y creo que lo hizo sin mala intención, pero hacía años que no me pasaba algo así, de modo que me pilló desprevenido y me afectó muchísimo, tanto que empecé a sentir temblores internos y náuseas. Luego me dije: «Curro, ha sido una broma, ya no eres el niño del que se reían en clase. Eso pasó. Estás seguro y a salvo. Y ahora puedes calmarte. Esa persona no puede hacerte daño».

Esa herida del rechazo al que me sometieron en la infancia y juventud por ser diferente a veces me sigue jugando malas pasadas.

Muchas veces el dolor que sientes no es por lo que el otro está diciendo o haciendo, sino por tus propios traumas del pasado, tus dolores, las heridas que una vez tuviste.

Cuando alguien te abandone o sufras algún tipo de situación que no te guste, recuerda que ha habido muchísimos seres humanos a lo largo de la historia que han soportado momentos mucho peores y aun así han luchado por su vida hasta el final.

Cuando una situación no te guste y tengas que enfrentarte a ella, puedes atravesarla con paciencia y tranquilidad, e incluso con amor.

Cuando alguien te critique, te rechace o deje de hacerte caso, ¡puedes vivir esa situación con serenidad!

Si hay quien ha entregado su vida por ser fiel a sus propios valores e incluso fue torturado, ¿cómo no vamos a poder nosotros transitar tranquilamente esos pequeños o grandes rechazos a los que tanta gente se tiene que enfrentar?

No puedes pretender que en tu vida no haya obstáculos: tal cosa sería una quimera que escapa del objetivo de este libro. No creo que tengamos derecho a cambiar las reglas del juego. Pero sí puedes pedirle fuerza a la vida y concentrar tu propio foco en lo que tenga sentido para ti: construir.

Puedes hacerte más firme por dentro cada vez. Y cuanto más firme seas por dentro, menos harán que te tambalees los demás.

Vivir el presente significa estar muy atento al aquí y ahora, a cada instante, a cada día. No te preocupas por el mañana porque confías. Cada día te supone hacer tu parte del trabajo, solo eso. Un paso, otro, otro. Y gozar del camino confiando en el proceso de la vida sin permitir que tu cerebro genere sufrimiento psicológico.

No hay errores, hay vivencias, aprendizajes, aventuras... cuando veas que estás entrando en disco rayado y que tu mente se va al pasado, ¡cambia de disco cuanto antes y no pierdas el tiempo!

Afirmaciones para entrenar la mente

- Perdonar es cada vez más fácil para mí.
- Me libero de las cadenas del pasado y me abro a la magia del presente.
- Disuelvo todo el resentimiento y lo trasformo en amor.
- Cada día me siento más tranquilo y en paz.
- Perdono los errores de los demás y me perdono a mí.
- Estoy en calma y vivo el presente con plenitud.
- Todo el dolor del pasado lo transformo ahora en impulso y fuerza.
- Me siento en el mejor momento de mi vida para implantar cambios positivos.

6 LAS TRES REGLAS MÁGICAS: NO TE COMPARES CON NADIE, SÉ LIBRE Y APRENDE A DECIR QUE NO

Hemos trabajado juntos la conciencia, la aceptación, el perdón y has escrito tu visión personal. Todo ello es necesario para tener una buena autoestima. Pero ahora hay que dar un paso más.

El amor por ti mismo requiere tres aprendizajes indispensables:

- **Dejar de compararte con los demás.**
- **Liberarte del qué dirán.**
- **Aprender a decir que no cuando quieres decir no.**

Todo ello son objetivos alcanzables y posibles, ¡vamos a ello!

Deja de compararte con los demás

El cien por cien de mis clientes particulares y de los asistentes a mis talleres sufren por compararse con otros, y yo mismo he sufrido por lo mismo muchas veces. Ahora tenemos que trabajar en eso:

No es posible amarse de verdad hasta que no dejas de comparar tu vida con la de otras personas. ¡Compararse con otros es una gran limitación que hay que superar!

Concretamente, ayer tuve una sesión con Marta, una chica sensible, maravillosa, que tiene el problema de que no deja de compararse con otras personas. Ella me explicó lo mal que se sentía cada vez que veía en redes sociales las fotos de personas a las que les iba muchísimo mejor que a ella. ¡Viendo las vidas de otros ella pensaba que su vida era una mierda! Pero no era una mierda: tiene una vida maravillosa que no estaba siendo capaz de valorar.

Coincidió que yo había visto hace poco tiempo en el cine *Elvis,* la película que cuenta la vida del mítico y famosísimo cantante. Y fue una historia muy muy triste, tanto que mi amiga Luisa Martín y yo salimos de la sala conmovidos: era un hombre rico, famoso y muchísima gente pensaba que feliz. Tenía un prodigioso don divino para la música y el baile que le hacía único y grandioso. Y, sin embargo, acabó muerto a los cuarenta y dos años, destruido por las drogas, la vanidad y sus malos hábitos, y ni siquiera supo disfrutar de su hijita, a la que tanto quería.

Le puse este ejemplo a Marta, y muchos otros de personas que han acabado muy mal (algunas llegaron a suicidarse), a las que se suponía por las apariencias que les iba genial.

¿Cómo sabes cómo le va en realidad a esa persona con las que te estás comparando?, ¿cómo sabes cuáles son sus batallas internas, sus problemas de salud mental, su verdadera relación con su pareja o con sus hijos? ¡La gente cuenta lo que quiere contar! He tenido muchas sesiones con personas que estaban destrozadas por dentro y su familia ni siquiera lo sabía. ¡Hay incluso depresiones silenciosas que se esconden tras las apariencias!

¿Hace falta que te recuerde cómo murió a los cuarenta y ocho años Whitney Houston, una de las cantantes más famosas y envidiadas de todos los tiempos? Ayer fui a ver la película basada en su vida con mi amigo Jose. Los dos salimos muy emocionados y él me dijo: «Esta película enseña lo importante que es seguir un camino bueno en la vida, Curro».

Houston fue la cantante afroamericana más exitosa y todos vibramos con su canción *I Will Always Love You,* de *El guardaespaldas.* De la pobreza pasó a ser multimillonaria. Pero fue totalmente desgraciada. Sufría muchísimo, su relación de pareja era altamente tóxica, no conseguía disfrutar de su hija y, lo que es peor, empezó a drogarse cada vez más para aguantar tanta presión.

Finalmente acudió a un centro de rehabilitación y pareció recuperarse, pero tiempo después, al salir, cayó de nuevo en las trampas de las drogas. Llamó a un camello. Y esa noche la encontraron muerta en el hotel. Murió por ahogo accidental tras haber consumido cocaína y tener un fallo cardíaco.

Lo más triste es que su hija, Bobbie Kristina Brown, también murió años más tarde a consecuencia de una intoxicación de drogas.

Por lo tanto:

No sirve de nada que te compares con otros.
Para ser feliz y vivir con tranquilidad es necesario comprender que tus necesidades no son las mismas que las de otras personas.
Deja ahora, ya, de compararte con otros.
Tus respuestas están en ti.

Es perfectamente lícito que trates de ser hoy mejor versión de lo que eras ayer, pero el juego de la mejora ilimitada tiene que ver contigo, no con los demás. Tienes tu propio camino, diferente del de los demás, y en él debes centrarte.

«

Solo tú puedes determinar cuánto vales. No tienes que depender de nadie para que te diga quién eres.

BEYONCÉ

»

Ejercicio de reflexión

Responde de forma razonada a estas sencillas preguntas:

- ¿Cuándo fue la última vez que me comparé con alguien y cómo me sentí al hacerlo?

- ¿Para qué me sirve compararme con alguien?

Compararte con los demás supone una pérdida de energía enorme y además no sirve para nada, pues cada persona tiene un propósito único y un camino único que recorrer. **Tú tienes un propósito único y un camino que recorrer, y en él debes centrarte. Para hacer ese camino no necesitas compararte con nadie: solo necesitas escuchar a la vida.**

Puedes preguntarle a la vida: ¿Cuál es mi camino?, ¿cuál es el siguiente paso?

Muchas veces las respuestas vienen de una manera sutil, pero podrás sentirlas gracias a tu intuición. A veces llegan señales que hay que saber ver. Y muchas veces no sabemos qué tendremos que hacer dentro de un año, pero sí cuál será nuestro siguiente paso.

Céntrate en el presente y en dar de la manera más firme posible el siguiente paso que te inspira la vida. ¡Así de sencillo!

El problema de comparar tu vida con la de los demás es muy grande, sobre todo cuando tú eres diferente, porque a lo mejor lo que la sociedad o incluso tu propia familia espera de ti puede ser lo contrario de lo que tú necesitas.

Las personas con autoestima no se comparan con otros. Por supuesto, se alegran de los logros que otros tienen en su vida, pero comprenden que tienen un destino único y un proyecto de vida en el que trabajar.

¿Te parece que tu amiga, o la persona famosa de turno que pone fotos con su marido en una puesta de sol increíble, tiene una relación de pareja mejor que la tuya? Eso no puedes saberlo. Porque, como he dicho antes, la gente cuenta lo que quiere contar. He conocido parejas que parecía que estaban en la cima del amor y que de pronto cuentan al mundo que se separan. Céntrate en mejorar tu relación de pareja y deja la historia de otros para los otros.

Ahora es el momento de que tomes esta poderosa decisión: **Hoy decido que nunca más me compararé con nadie. No me compararé con mis familiares, ni con mis amigos, ni con los desconocidos. Tengo mi propio camino y lo voy a seguir pase lo que pase.**

No compares lo que tienes hoy con lo que tuviste ayer

Otras personas sufren porque comparan lo que tienen hoy —la pareja actual, el trabajo actual, su edad actual— con lo que tenían ayer. Han idealizado lo que tenían en el pasado y lo que tienen ahora les parece insuficiente.

Sin embargo...

> **La vida te va a dar hoy lo máximo, porque ningún momento pasado puede ser mejor que el presente. El pasado ya lo viviste y hoy es realidad ilusoria, y el presente es tu gloriosa experiencia de vida que se va desplegando continuamente.**

No importa la edad que tengas: tu presente siempre es mejor que el pasado. Tener nostalgia por lo que pasó te castra el presente, que es donde está tu máxima felicidad.

Si quieres ser una persona que se ama a sí misma, debes amar también tu glorioso presente. Y no compararlo con el pasado.

¿Cuál es el verdadero éxito? Mi admirada amiga Alessia Putin me dijo una vez: **«Sentirse feliz es la más sublime forma de éxito».** Y tiene tanta razón... El verdadero éxito es ser feliz. Por lo tanto, si mides tu éxito por el éxito que tienen otros, jamás tendrás suficiente. Creo que cada persona tiene en su destino un nivel de éxito que es perfecto para esa persona.

Hay cantantes que tienen un nivel de éxito maravilloso y disfrutan mucho aunque no llenen estadios. Y otros que llenan estadios y también tienen retos muy grandes. No importa que llenes estadios o no, lo que importa es que seas feliz haciendo tu propósito. Lo mismo si eres actor que barrendero que funcionario que profesor de escuela. ¡Lo importante es que lo que hagas lo hagas con pasión y felicidad!

¿Hay personas que van más rápido o que parece que se equivocan menos? ¡Pues mejor por ellos! Tú pon el foco en ti mismo, lo que otros hagan te tiene que traer sin cuidado. Lo primero porque tú no sabes las lecciones espirituales que tienen esas personas ni lo que han venido a aprender. Lo segundo porque tampoco vas a saber cuánto se están equivocando o en qué.

La vida te da el éxito que tú necesitas en cada momento.

Es mejor centrarse en dar que en recibir.
El nivel de éxito que tú tienes ahora es el perfecto para ti.
El éxito que tiene el otro ahora es perfecto para él.

Creo que todos tenemos un destino: yo aún estoy descubriendo el mío. **El destino es como un camino infinito que va llevándonos a diferentes lugares, diferentes escenarios y paisajes.** Cuanto más centrados estemos en nuestro camino, mejor vamos a poder cumplir con nuestro destino.

Algunas personas piensan que porque yo escribo libros de la felicidad he llegado a no sé qué cumbre y lo tengo todo fácil. Nada más lejos de la realidad. Yo he tenido que lidiar durante años con mis pequeñas y grandes caídas y mis pensamientos autodestructivos. Alguna vez me he aferrado a esta vida solo por no hacer sufrir a mi madre y a personas que me querían. Y, sin embargo, encontré una salida. Eso sí, sé que voy a tener que seguir trabajando en mi felicidad toda la vida, cada día, mañana, tarde y noche, o de lo contrario, poco a poco, puedo llegar de nuevo al caos tenebroso.

«

Yo pienso que una debe trabajar por una misma todos los días de su vida.

Serena Williams

»

Quienes se apartan de su camino, bien por miedo o bien porque se comparan con otros y deciden hacer lo que hacen otros, aunque eso no sea para ellos, llegan a sufrir mucho.

Desde que tengo recuerdo me muevo como un equilibrista por una cuerda. Hay temporadas en las que logro estar centrado, hacer mis ejercicios de afirmaciones con disciplina, y entonces me suceden cosas buenas. Pero también he tenido que perdonarme por haberme desviado del camino tantas veces... Yo soy uno más de tantos de nosotros, alguien que intenta salvar su vida y que muchas veces ha caído en las tentaciones.

El objetivo con este libro es para ti y para mí: para que aprendamos a amarnos cada vez más, para que no nos caigamos tantas veces de la cuerda, para que logremos mantener esos hábitos que nos hacen bien el máximo tiempo posible a lo largo de nuestra vida.

Cómo liberarte de la cárcel del qué dirán

Una vez mi amiga Luisa Martín me dio un consejo lleno de sabiduría: **«Para no sufrir, quítate toda importancia personal»**.

Yo valoro mucho sus consejos, pues sé lo buena que es y lo maravillosamente bien que lleva la fama, sin darse ninguna importancia por el hecho de ser actriz famosa, y siempre viéndose igual que el resto de las personas.

Cuando estás capacitado para entender la importancia de esa frase no quiere decir que no te valores, sino que has comprendido que lo que los demás piensan de ti no es una cuestión personal.

Cada persona vive en el particular universo de su propia mente y ve la realidad a través del filtro de su propia mente. Cuando comprendes esto, ¿cómo vas a tomarte como algo personal lo que haga o diga una persona?

«

Preocúpate más por tu conciencia que por tu reputación, porque tu conciencia es lo que eres, es tu problema. Tu reputación es lo que otros piensan de ti y lo que piensen los demás es problema de ellos.

ALBERT EINSTEIN

»

Cuando otro te juzga, te critica o emite energía negativa hacia a ti porque lo que tú haces le produce rabia o envidia, el problema lo tiene esa persona. No tiene nada que ver contigo. Cuando alguien te dice algo, lo dice desde su perspectiva personal, desde sus creencias, desde su mente y desde sus propias limitaciones sobre la vida. ¡En realidad está hablando de sí mismo!

No te tomes nada de modo personal. Lo que tú piensas de otro está hablando de ti. Lo que otros piensan de ti habla de ellos (de sus prejuicios, de su historia, de su forma de interpretar esas cosas...).

Perdemos mucha energía tomándonos a pecho los juicios de los demás. ¿Cuándo fue la última vez que te exaltaste por lo que descubriste que otro hizo o dijo? ¿Imaginas que el otro no hubiera tenido el poder de alterarte? Eso hay que conseguirlo.

Para quererte, para mantener tu paz mental, para ser feliz, necesitas mantener el equilibrio y el centro incluso cuando los demás emiten energía negativa u opiniones que no son del todo amables o cariñosas.

Haz tuyo este mantra: ¡Que los demás digan lo que quieran! En el momento en que la opinión desagradable de la otra persona te afecta, significa que te la has creído; entonces, has hecho tuya su creencia. ¡No hagas eso!

Cuando permites que la toxicidad de los demás te salpique y te contamine, ¡es una falta de amor a ti mismo! Tu vida y tu tiempo son demasiado valiosos como para perderlos con algo sobre lo que no tienes ningún control.

¿Cuándo sueltan veneno los demás? Cuando están mal, cuando están desorientados, o frustrados, o cuando tienen mucha ira dentro de sí mismos... Hay muchas razones, pues vivimos en un mundo bastante caótico, así que es bueno que te protejas del veneno de los demás.

Una lectora me preguntó el otro día algo que me consultan muy a menudo: qué podía hacer ella con la gente tóxica que tiene cerca y a la que tiene que seguir viendo.

Es cierto que hay situaciones muy difíciles, no se trata de cortar todas las relaciones. Pero puedes no discutir, escuchar, callar y sonreír, y no pasar tiempo *extra* con esa persona. Y, por supuesto, puedes cultivar relaciones que le hacen mucho bien a tu espíritu y a tu corazón, y sería muy bueno que lo hicieras.

No puedes ser tú mismo si no superas el miedo a ser juzgado y rechazado.

Cada vez que alguien vaya a dañarte, acuérdate de que, si tú no lo consientes, no podrá hacerlo.

No pierdas tu bienestar por alguien que te importa, pues entonces, desde tu malestar, le estarás perjudicando, y mucho menos termines tu bienestar por alguien que no te importa, pues entonces estarás perdiendo tu felicidad, lo más preciado que tienes, por otra persona que no te importa nada.

Cuando la basura emocional (en forma de pensamientos y palabras tóxicas) de los demás deja de afectarte, te conviertes en una persona que se quiere más a sí misma.

Apreciarte y amarte a ti mismo por ser quien eres, sin importar lo que opinen los demás ni las circunstancias que ahora mismo te rodean, es amor incondicional.

Cuando logras sentir amor por ti mismo, un amor verdadero, un aprecio profundo, no te dañas a ti mismo fácilmente. Empiezas a protegerte como protegerías a tu propio hijo. Vas por la vida como un amante, un amante que ama a cada persona con la que se encuentra, que vive presente en cada situación que atraviesa, cada día, que se siente pleno con su vida, confiado, tranquilo.

«

Prométeme que siempre te vas a querer como te quiero yo.

ISABEL ALLENDE

»

Por eso, no necesitas que nadie te apruebe. **Necesitas aprobarte tú.** Necesitas actuar bajo tu propio centro, bajo tu propia conciencia, bajo tu propia responsabilidad.

Ejercicio para liberarte del qué dirán

Todos, en mayor o menor medida, hemos sufrido cediendo nuestro poder a terceras personas que, en realidad, no tienen ningún poder sobre nosotros. Leerás poderosas afirmaciones y luego voy a pedirte que respondas algunas preguntas.

- **«Soy un triunfador nato».** Escribe los nombres de personas que te han dicho que eres un triunfador, o algo parecido, y las personas que te han dicho que no lo eres o algo parecido.
- **«Siempre vas a ganarte bien la vida».** Escribe los nombres de personas que te han dicho que sí, incluso si no las has conocido

(por ejemplo, autores que te han inspirado), y personas que te han dicho lo contrario.

- **«Puedes trabajar en lo que te gusta y ganarte la vida con ello».** Escribe los nombres de las personas que te han dicho que sí y de las que no.
- **«Eres hermoso y valioso».** Escribe los nombres de las personas que te han dicho que sí y de las que no.
- **«Eres inteligente y capaz de conseguir lo que te propongas».** Escribe los nombres de las personas que te han dicho que sí y de las que no.

Y ahora es el momento de que observes las dos listas: las personas que te impulsan y las que no, las que estimulan tu progreso y las que no. ¿Con qué grupo de personas te sientes mejor?, ¿qué personas te parece que son más felices?, ¿las personas que te han apoyado son las que viven con alegría y siguen su propio camino?

La gente feliz también ayuda a los demás a que sean felices.

Hasta aquí te hará tomar conciencia de personas que han estimulado tu progreso y otras que no han confiado tanto en ti.

Ahora responde a esta pregunta:

- **¿Cuáles son las razones por las que crees que te juzga la gente?** Escribe y detalla de forma concreta cuáles son las cosas concretas que hay en ti por las que crees que te juzgan.

Ahora te voy a pedir que escribas todos los nombres y apellidos de personas que crees que te juzgan de alguna manera (aunque no lo sepas seguro, intuyes que no aprueban todo lo que haces o que podrían juzgarte).

Y ahora escribe los nombres de las personas que piensas

que te juzgarían o no te aprobarían si hicieras lo que realmente quieres hacer.

Con la lista en la mano, date cuenta: ¿son muchas personas esas que temes que te juzguen?, ¿te importan mucho?, ¿realmente te quieren? Con frecuencia en este punto descubrimos que nuestro temor a los juicios externos viene de personas que no nos importan tanto, y que no son tantas.

Y ahora responde: ¿Estoy completamente seguro de que esa persona va a pensar eso de mí? La respuesta, posiblemente, sea que no estás completamente seguro. ¡Es algo que estás interpretando! Una interpretación que te hace mucho daño y que te limita. El qué dirán es como un fantasma abstracto que no se sostiene en nombres concretos.

«

Una vez que abres la puerta a los juicios ajenos, estos empiezan a distraerte. El paso de pensar en ti mismo a imaginar qué piensan los demás de ti es un rasgo clásico de autoconciencia. Y puede convertirse en una forma de autosabotaje.

Michelle Obama

»

Yo era muy muy cobarde, tanto que estuve en una cárcel metido hasta que cumplí treinta y dos años; mi propia jaula, en la que yo mismo me impedía volar. Me importaba tanto la opinión de los demás que prefería negarme a mí mismo antes que ser feliz y que los otros me cuestionaran. No caigas en ese error. ¡Que los demás digan lo que quieran! Tú tienes derecho a hacer tu vida. Yo te voy a apoyar y todas las personas conscientes del planeta, que cada vez son más, también.

Ahora me siento libre a todos los niveles. No hay nada que yo no haga por lo que puedan decir los demás, porque me guío por mi propia conciencia.

Si yo me liberé, tú puedes liberarte.

Tú puedes liberarte del qué dirán ahora y para siempre.
Tú puedes y mereces ser libre.
Tu libertad parte de una decisión:
decido ser libre ahora pase lo que pase.

En la universidad observé a un grupo de chicos que se reían de una chica. A esta chica la consideraban tonta porque vivía un poco en su mundo y porque, según ellos, no era muy inteligente. Consideraban tonta a la persona que más energía positiva transmitía, un ángel que no se metía jamás con nadie y que siempre sonreía. No sé si sería muy inteligente o no para ojos de la sociedad, pero para mí sí lo era. Era muy muy muy inteligente.

Las personas felices son en el fondo las más sabias e inteligentes de este planeta, aunque algunos las puedan tachar de ingenuas o tontas.

Di adiós a las interpretaciones

Una de mis clientas más preciadas, Victoria, sufrió un desengaño amoroso este año: comenzó una relación con el que al principio parecía un hombre maravilloso, pero poco a poco fuimos descubriendo que era más bien narcisista, además de un pelín tacaño y demasiado centrado en los deseos de su ego. Hasta que Victoria reunió el valor de decirle adiós y cortar la relación, sufrió un periodo de *interpretaciones*.

En una sesión, le dije: «No vamos a hacer más interpretaciones. Nos quedamos con "no lo sé"».

> **No sé qué va a pasar.**
> **No sé qué sucederá.**
> **No sé cuál es la respuesta.**
> **No sé cuál es la explicación.**

Los «no lo sé» son muy muy sanos, porque nos llevan a dejar de interpretar. Las interpretaciones nos causan mucho daño.

¿Por qué está actuando esa persona como está actuando? Si puedes, pregunta directamente. Llama. Ármate de valor e insiste hasta que puedas hablar con esa persona.

Y si esa persona, ya sea un amigo o un familiar, no quiere contestar, entonces respeta su silencio y acepta. Pero no hagas interpretaciones. Las interpretaciones siempre te hacen daño.

Cuando te digan: «¿Qué le pasa?». Responde: «No lo sé», y céntrate en el aquí y ahora.

Las interpretaciones nos llevan a los juicios, a los chismorreos, y todo eso es toxicidad emocional que emitimos sobre otra persona. Es mucho mejor quedarse con «no lo sé» y desde ahí centrarnos en el poderoso momento presente, que es el regalo más grande que tenemos.

Cuando haces interpretaciones llegas a tu conclusión sobre lo que consideras que es *la verdad*. Y si esa conclusión es negativa, sufres. Pero ¿cómo sabes que estás en lo cierto?

Victoria soportó con valentía el periodo de «no lo sé» y, una vez que la duda se fue y pasó del «no lo sé» a «este hombre no es para mí», fue cuando trabajamos en que ella lo dejara. Fue milagroso: apenas dos meses después de su ruptura apareció otro hombre, que había sido amigo de ella durante años, y se enamoraron locamente. Ahora, mientras escribo estas líneas, vive una de las historias de amor más bonitas de su vida.

Conclusión: Si quieres ser feliz y tener una autoestima sana, no te puedes permitir compararte con nadie, hacer caso del qué dirán ni hacer interpretaciones. Todo eso quedó atrás. Ya. Ahora. Aquí.

Aprende a decir que no

Decir que no a veces es necesario para que tus deseos no queden relegados a un último lugar.

No estamos hablando de convertirnos en seres egoístas que solo piensan en su propio beneficio, ni muchísimo menos.

De hecho, muchísimas veces te saldrá del corazón decir sí.

Cuando una persona importante en tu vida te pida algo, di sí, salvo que vaya en contra de tus valores más importantes o que esta persona sea manipuladora o abusadora.

Decir no a alguien por egoísmo, pereza o falta de organización, cuando esa persona a la que quieres tiene una necesidad y te está pidiendo algo, puede provocar daños innecesarios en la relación.

Cuando elijas decir sí a algo que no te apetece mucho hacer, es importante que te des cuenta de que tú estás eligiendo hacerlo por amor. Dices sí porque tú quieres decir sí.

La buena noticia es que ese amor, generosidad pura, vuelve a ti completamente renovado, por lo que ser generoso con los demás te beneficia, ya que lo que das lo recibes.

Cuando tú das amor y haces favores a alguien —un amigo, un conocido, un familiar—, esa persona aumenta su amor hacia ti, es una ley natural y universal.

El agradecimiento que tú sientes hacia los demás y que los demás sienten hacia ti expande el amor.

Cuándo poner límites

Algunas personas abusan de otras y es necesario ponerles límites. Tienes que escuchar tu cuerpo y descubrirás que te está hablando y mandando señales para que digas que no.

«

Me siento triste cuando me convierten solo en una máquina de hacer dinero y mi pasión y mi creatividad pasan a segundo término, eso me hace muy desgraciada. Así que, ¿qué hice? Empecé a decir que no: "No haré eso", "no quiero hacer eso", "no me haré esa sesión de fotos", "no iré a ese evento", "no apoyaré eso, porque no me representa". Y así, de manera lenta pero segura, recordé quién era.

LADY GAGA

»

Para poder hacer realidad tu visión personal, tus deseos, tu proyecto de vida, vas a tener que decir que no muchas veces a las cosas que no te aportan nada. Y para decir no vas a tener que liberarte del miedo a la pérdida.

Por lo general, las personas importantes no nos piden tantas cosas. Eso sí, cuando alguien está abusando, entonces es necesario poner límites.

Para liberarte del miedo a la pérdida tienes que confiar y amar, entender que todo tiene un principio y un final.

Trabajé en sesiones particulares con E., un chico maravilloso de treinta y cinco años al que le costaba muchísimo trabajo decir que no. Sin embargo, lo que él más deseaba era ser él mismo.

—Curro, quiero conseguir ser yo mismo, es lo más importante para mí —me dijo.

Descubrió que para lograrlo tenía que decir que no algunas veces.

Y yo le pregunté: «¿Estás dispuesto a asumir que alguien puede enfadarse e incluso alejarse por decirle que no?».

—Sí, estoy dispuesto, porque no quiero que alguien siga a mi lado si tengo que pagar el precio de no ser yo mismo.

Quien te quiere de verdad seguirá a tu lado, aunque le digas que no a algunas cosas. Quien no te quiere de verdad o quería aprovecharse de ti, tal vez se enfade cuando le digas que no.

Ejercicio de reflexión

Te expongo a continuación el mismo ejercicio que hizo E. con muy buenos resultados. A lo largo de toda esta semana, permanece muy atento y apunta en tu cuaderno:

- Las veces que dices sí queriendo decir sí.
- Las veces que dices sí queriendo decir no.
- Las veces que dices no queriendo decir sí.
- Las veces que dices no queriendo decir no.

Date cuenta. Y, poco a poco, trata de que los SÍES CONSCIENTES Y LOS NOES CONSCIENTES sean los ganadores.

El riesgo es tuyo.

Algunas personas, muy pocas, me han abandonado por decirles que no. Me sucedió en plena pandemia, cuando me pedían tantos directos para Instagram que me vi completamente desbordado. Dije que no a algunas personas. Jose, un *crack* que trabaja en la Fnac de Sevilla, me pidió un directo para una residencia, le dije que no y me dijo: «Lo comprendo perfectamente, Curro», y cuando pasó la pandemia le invité a cenar un día y fuimos muy felices. Jose es muy positivo y es una persona que sabe aceptar los noes. Sin embargo, hubo otras que al decirles que no dejaron de seguirme y desaparecieron para siempre.

Más doloroso que alguien se aleje porque le dices que no es vivir en incoherencia, pasando toda tu vida haciendo lo que no quieres hacer y no sientes hacer.

Cuando dices que no conscientemente y alguien se enfada, puedes decirte lo que me digo yo: «Curro, tranquilo, ese no es tu problema, tú tienes derecho a decir no cuando quieres decir no».

La autoestima no va solo de que te atrevas a decir que no, sino que aceptes con deportividad los noes de los demás. De esa forma, también habrás perdido el miedo a que te digan que no y serás libre de pedir lo que quieres.

Cuando digas que no, piensa a qué estás diciendo que sí. Y no seas borde. No hace falta ser borde para decir que no. Puedes ser amoroso y decir que no con amor y cariño.

Todo se reduce a lo mismo: debes perder el miedo para ser libre. Si no pierdes el miedo, no puedes ser libre.

Pero **¿cómo decir que no?** Lo primero, tienes que preguntarte: ¿Desde dónde digo que no?

Si dices que no por pereza, entonces tal vez puedes replantearte ese no. Si dices que no porque te da vergüenza, entonces podrás replantearte ese no.

Si dices que no porque, diciendo no, dices que sí a tu paz interior, a tu visión personal y a algo que es importante para ti, ya sea tu necesario descanso, tu salud, tu familia, tus amigos, tus valores, tus *hobbies* más preciados, otra persona a la que decir sí o porque tenías un compromiso contigo mismo... Entonces necesitas decir no.

Cada vez que te propongan algo escucha tu cuerpo. Cuando tu cuerpo te dé señales de que no quieres decir sí a algo, sigue indagando. Es posible que te resulte difícil decidir. En ese caso, pregúntate: ¿para qué quiero decir sí a esta propuesta?, ¿es solo para complacer a alguien o que no se moleste o es porque realmente deseo hacerlo?

Pon sobre la mesa las cosas positivas de decir que no. ¿Qué ganarás al decir que no?

Decir que sí repetidamente cuando quieres decir que no no es una cuestión de egoísmo, es una cuestión de salud mental. Tu salud peligra mucho cuando contravienes continuamente las señales de tu cuerpo. Y, además, aunque te parezca que beneficias a una persona por decirle que sí, cuando realmente no quieras hacer algo, también al otro le beneficia que le digas que no. ¿Te ha pasado que alguien se fuerza para decir sí y luego está con una cara larga todo el tiempo? ¿No sería mejor que esta persona se hubiera quedado en su casa y tú te hubieras ido solo o con otros amigos?

Cuando yo me fuerzo a hacer algo que realmente no quiero hacer, eso no sirve para nada. No se me olvidará la última vez que Luis, un chico con el que salí hace años, y yo fuimos de senderismo. Él no tenía ganas de ir de senderismo, pero como era una ruta a la que se habían sumado mis sobrinas Blanca y María, yo le convencí. ¡Estuvo todo el senderismo enfadado! No era algo evidente, pero yo notaba su energía, ¡era tóxica! El pobre disimuló como pudo ante mis sobrinas, pues es muy educado, pero lo descubrieron, porque días después les pregunté si ellas habían notado algo y me dijeron: «Claro que lo notamos, era evidente».

Y ese día comprendí: Curro, por más ganas que tuvieras de que tu chico fuera de senderismo, habría sido mejor que hubieras ido tú con tus sobrinas, pues estuviste sintiendo y contaminándote de su energía negativa todo el senderismo.

Obvia decir que en cuanto nos despedimos de mis sobrinas tuvimos una pelea monumental que no fue nada agradable. Conclusión: tanto para Luis como para mí habría sido mucho mejor que me hubiera dicho NO que el hecho de que hiciera lo que estaba claro que no quería hacer.

Cuando tengas claro que quieres decir que no, entonces dilo con amor.

Conozco a personas supuestamente muy espirituales que son superbordes diciendo que no. ¡No hay ninguna necesidad de ser borde! ¡Puedes ser sincero, pero con amor!

Un ejemplo real: las pasadas navidades yo no fui a Córdoba con mi familia. La verdad es que, aunque haya gente a la que le parezca muy raro estar solo en las fiestas, yo nunca me he guiado por lo que se supone que hay que hacer. Este año el cuerpo me pedía a gritos quedarme tranquilo en mi casa de Madrid escribiendo este libro.

Tuve obras en casa durante un mes antes de navidad y no había podido tener tranquilidad para escribir. Además, soy una persona bastante espiritual que se encuentra muy a gusto en fechas navideñas escribiendo y haciendo ejercicios de reflexión. Si mis padres estuvieran solos, no lo hubiera dudado, pero iban a estar muy bien acompañados por mis tres hermanas, sus respectivos maridos y sus nietos. Aun así, me preocupaba herir a mi madre, pues es la persona que más quiero. Hablé con ella y le planteé con mucho amor mis necesidades y deseos, y le dije que en todo caso iría a verlos en cuanto pasaran las fiestas, y ella me dijo:

«Te comprendo perfectamente, no te preocupes, vienes después de navidad». Y hablé con mi padre también, que la verdad es que se toma estas cosas fenomenales, y me dijo: «Claro que sí, hijo, yo te guardaré el aguinaldo».

Ejercicio

Las claves para decir que no con amor a la gente que te importa:

- Querido/a..., lo he estado pensando y valorando, porque me hace feliz hacer cosas contigo y hacerte feliz.
- Pero siento una necesidad (y explicas tus motivos con cariño y sensibilidad, en mi caso era la necesidad de estar solo, tranquilo, escribiendo este libro).
- Así que creo que lo mejor para mí y para ti es... (esto es rigurosamente cierto, lo que es bueno para ti también es bueno para el otro, y al revés, recuerda el ejemplo de Luis).
- Ofrece algo concreto a cambio (es muy bueno ofrecer algo a cambio. Este truco lo aprendí de Sean; cuando él me cancelaba un plan, me ofrecía otro plan todavía más chulo a cambio). Por ejemplo, yo a mi madre le ofrecí ir justo después de las navidades y se quedó muy contenta, pues vio que iba a estar acompañada en las fiestas y luego también porque iba a ir yo.
- Espero que me puedas comprender. Gracias, gracias, gracias.

Cuando tratas de complacer a alguien yendo en contra de lo que tu interior te indica, pierdes la conexión con tu verdadera esencia y sabiduría.

Y lo mismo en la otra dirección: cuando tratas de convencer a alguien para que haga lo que no quiere hacer para complacerte a ti, es malo para ti y para esa persona. ¡Hacer algo así te aleja de esa persona!

Hay personas que se centran más en hacer lo que los demás esperan de ellos que en hacer lo que ellos quieren hacer: tienen miedo a decir que no. Su vida es muy complicada, puesto que hay tantas demandas y exigencias por parte de los demás que acaban extraviados en sus propias necesidades. ¡Y siempre habrá personas a las que por mucho que quieran no van a poder complacer!

Ahora es el mejor momento para que comprendas que lo que realmente anhelas en tu corazón es tu propia felicidad, no que otra persona haga o deje de hacer algo por ti. No necesitas que los demás cambien su forma de ser para ser feliz, lo que necesitas es darte cuenta de que tienes un ser interior que es una fuente de amor inagotable.

No conseguirás ser lo que has venido a ser ni hacer realidad tus verdaderos deseos si no aprendes a decir NO cuando realmente necesitas decir NO. **No es egoísmo: es amor propio. Porque, al mismo tiempo, les permites a los demás que hagan su camino.**

Y cuando ambos caminos se juntan y tenemos dos SÍES, pues compartimos. ¡Siempre va a haber muchos SÍES conjuntos en esta vida con abundancia de personas y experiencias y posibilidades!

Afirmaciones para entrenar tu mente

- Aquí y ahora, donde estoy, por amor a mí y a los demás, me libero del qué dirán para siempre.
- Soy libre y los demás son libres.
- La vida siempre me ayuda a hacer los aprendizajes que necesito.
- Ya no juzgo las vidas de otros y me centro en mi vida con generosidad y amor.
- Me siento bien diciendo que no cuando no quiero hacer algo.
- Acepto con tranquilidad cuando los demás me dicen no.
- Me permito pedir lo que quiero, porque no tengo miedo a que me digan que no.
- Me permito vivir en libertad y permito a los demás vivir en libertad.
- No me comparo con nadie: los demás tienen su vida y yo tengo la mía.

7

AMARSE ES VOLVER A VOLAR

Cuando has integrado todos los pasos del amor a uno mismo que hemos visto hasta ahora, estás más cerca de comprender el inmenso poder que hay dentro de ti. Podrás ir por la vida como una persona fuerte; íntegra; alegre; firme, aunque muy sensible; alguien abierto a los regalos de la vida y al mismo tiempo capaz de tomar decisiones valientes y comprometerse.

Te contaré una historia basada en un cuento de Henri J. M. Nouwen.

Supón que eres un bebé que aún no ha llegado a este mundo y que estás en este momento con tu hermano gemelo dentro del vientre de tu madre. La diferencia entre tú y tu hermano es que él tiene fe y tú no.

Él te dice:

—Esto no es todo lo que hay. Estoy seguro de que hay vida más allá de esto que vemos ahora. Creo que algún día naceremos de nuevo y descubriremos un mundo nuevo.

Y tú, que no tienes fe ninguna y eres muy racional, le respondes:

—Menuda tontería. ¿En qué te basas para decir algo así? ¿Qué pruebas tienes? Lo que ves es lo único que existe. No tienes pruebas.

A lo que tu hermano con fe te responde:

—Tienes razón, no tengo pruebas. Pero puedo sentirlo. Lo siento, de verdad, siento que hay algo más. Creo que esto es solo temporal, ¡creo que nos espera algo mucho más maravilloso!

Tú sigues incrédulo:

—Siempre estás con lo mismo, es ridículo. Qué vida más va a haber. Es que no tiene ninguna lógica. Lo que ves es lo que hay, acéptalo. No vivas en una fantasía.

En el interior de tu hermano con fe, aun así, aunque no tiene argumentos para probar lo que dice, sigue ardiendo la idea de que hay algo más.

—Siento que pienses así. Y es verdad que no puedo demostrártelo, pero sé que lo que te digo es verdad. Lo sé. ¡Créeme! Y te diré algo más: no solo creo que hay un mundo nuevo allí fuera, un mundo que llegarás a ver con tus propios ojos, sino que creo que tenemos una madre, una madre que va a cuidar de nosotros.

—Todo lo que dices es irracional, de verdad que no sé cómo puedes creer esas tonterías. ¡Es absurdo! Tenemos que conformarnos viviendo esta realidad, que es la única que hay y que habrá. Lo demás son falsas ilusiones que no nos servirán para nada.

Tu hermano con fe se queda muy triste ante tu radicalidad y se calla. No sabe cómo convencerte de que sabe lo que sabe. Él lo sabe, pero no sabe cómo lo sabe y tampoco sabe demostrarlo.

Al fin, después de un buen rato, vuelve a la carga:

—Por favor, créeme. Hay un mundo superior, de verdad, lo hay. **¡Hay un mundo muy superior al que estamos experimentando ahora mismo!** En ese mundo, que está aquí mismo, hay luz. Y solo lo veremos y experimentaremos cuando logremos nacer.

A veces es necesario nacer de nuevo para empezar a volar.

—Definitivamente, has perdido la cabeza. ¿No ves que todo es oscuro? La oscuridad, la estrechez que aquí hay, eso es todo lo que hay, lo quieras aceptar o no. Haz lo que quieras, pero a mí déjame de fantasías.

—Déjame que te diga una última cosa —dice tu hermano con fe.

—Adelante.

—Sé que no solo hay un mundo superior y no solo tenemos una madre, sino también un padre, y muchos más hermanos. Infinidad de hermanos como tú y como yo, y otros seres vivos, y millones de lugares hermosos que visitar. Y en ese mundo superior podremos crear lo que queramos siempre y cuando tengamos fe. **Todos los sueños serán posibles, los límites serán un engaño.** En este mundo en el que creo hay muchísima felicidad y las limitaciones que encontraremos solo vendrán de parte de otros hermanos que han dejado de creer en esta verdad.

Querido lector: el hermano con fe no pudo convencer al hermano sin fe porque no tenía argumentos lógicos ni pruebas, pero evidentemente decía la verdad. Podía sentirla. También tú podrás sentir cuando conectas con tu interior que lo que hay es mucho más de lo que aparenta haber. Podrás sentir y hacer caso a los millones de personas de todos los rincones del mundo, desde hace miles de años, que han creído y que nos han transmitido una verdad tan necesaria para nosotros.

Yo sé que existe ese mundo superior y que tenemos acceso a él. Sé que tú puedes lograr tus sueños y que yo puedo lograr lo míos. Sé que lo que pensamos que es imposible no lo es. Sé que cuando mi mente me dice que algo es muy difícil o imposible es una limitación mía.

Sé que deshacerme de algunas de mis limitaciones me llevará tiempo, pero estoy tranquilo, porque he llegado a conocer la verdad y puedo transmitirla.

Hay un mundo superior al que se accede a través de una transformación interior.

Y esa transformación interior debe ser constante y eterna para que nuevas puertas se vayan abriendo en un viaje infinito.

No te rindas y no vuelvas a tus viejas creencias. No vayas marcha atrás. Sigue nadando. Sigue atravesando el río. Y en la otra orilla, querido amigo, podrás experimentar la alegría de saber que todo es real, que **nada ni nadie puede arrebatarte tus sueños, mucho menos tu felicidad.**

Mucha gente te dirá que lo que dices no tiene sentido, que tus sueños no son posibles, que hay que vivir de esta manera o de esa otra. Mucha gente te hará dudar. Pero dentro de tu corazón tendrás la certeza.

Siempre hay un nuevo plan

Un hombre al que conocí tenía una vida maravillosa, sus hijas le adoraban y se subían en sus piernas para ver películas en el sofá. Su mujer estaba locamente enamorada de él. Él era muy feliz. Pero bebía demasiado alcohol y un día que estaba de fiesta con los amigos empezó a coquetear con las drogas.

Poco a poco, como una planta carnívora, las drogas y el alcohol fueron ganando terreno, y un día, drogado y borracho, después de escuchar a un colega de fiesta que había ido a un prostíbulo, también él fue al prostíbulo. Aquello no le satisfizo, pero el siguiente día en el que consumió, volvió a ir al prostíbulo.

El lado oscuro fue ganando terreno hasta que la desgana por su familia y las malas caras ante la gente que amaba se fueron convirtiendo en norma y no en excepción, y, mientras tanto, el alcohol, las drogas y la prostitución le mantuvieron en el laberinto.

Empezó a ser cada vez más seco y más borde con su mujer, a darle menos abrazos, a escapar de ella. Tres años más tarde, ella decidió separarse.

La vida de este hombre se desmoronó, porque de pronto comprendió que lo que más amaba, lo que le daba verdadero sentido a su vida, su familia, lo había destruido él mismo.

La toma de conciencia fue tan brutal que cambió de golpe, dejó las drogas, el alcohol y empezó a hacer deporte. Le pidió perdón a su mujer una y mil veces, y la mujer, viéndolo tan destrozado, le perdonó.

Pero no quería volver con él. Era tarde para eso: su corazón había cambiado y otro hombre, que había sido amigo de ella durante años, se había ganado su cariño. Ni loca quería ella volver con su exmarido, pues además había descubierto sus infidelidades.

Una de sus hijas, la misma que se subía en su pierna cuando era niña para ver la televisión, le dijo un día, roja de ira: «Lo que tú has hecho con mamá ¿es lo que tú querrías que hiciera un hombre conmigo?».

El plan que tenía Dios para él, él mismo lo había destruido, pero surgió un plan nuevo.

Aunque te equivocaras de camino cien veces seguidas, la vida siempre te va a proponer nuevos caminos y oportunidades para ti. La vida siempre tiene un plan nuevo si de verdad estás dispuesto a cambiar tu vida y seguir adelante en la luz.

Cuando pierdas un tren, llegará uno nuevo, hacia un nuevo destino, y será el tren correcto siempre si va dirigido por la Inteligencia Superior de la que formas parte.

¿Significa esto que da igual equivocarse, hacer daño a otros, alejarse de la luz y herir a los demás? No. Cuanto menos te equivoques, mejor. Cuanto más tiempo permanezcas en tu destino, mejor. Cuanto más permanezcas en el amor, mejor. Pero...

Nada está definitivamente perdido.
Siempre tienes una nueva oportunidad.

Siempre va a estar en tus manos subirte de nuevo al tren dirigido por el Amor, haya pasado lo que haya pasado. Para eso existe el perdón, reconocer los propios errores y volver a empezar. Volver a enfocarte.

Cuando al fin entiendes que tus pensamientos y tus acciones influyen en tu vida y usas a tu favor el poder de concentrarte en lo que quieres, te alineas con tu destino y te sientes más tranquilo sabiendo que, desde donde estás, puedes llegar a donde quieres llegar. ¡Nadie puede impedirlo!

Para la persona espiritual, la libertad no significa lo que para la mayoría. Para la mayoría la libertad es hacer lo que te dé la gana. Esa libertad está vacía de significado y es agotadora. Pasarlo bien no es lo mismo que ser feliz. Pasarlo bien solo es una parte de la felicidad. Para la persona espiritual la libertad es compromiso, vivir entregado a lo que la vida quiere para ti, la libertad es elegir ser usado por la vida para el mayor bien de todos, comprendiendo que tú no sabes qué es lo mejor para ti y para los demás, pero la vida sí.

Este camino da vértigo, esta entrega a veces parece un salto al vacío, pero ¡tranquilo! Es un camino que han recorrido muchísimas personas valientes antes que nosotros. Tenemos sus testimonios sagrados. En este camino habrá siempre amor, habrá siempre regalos, habrá siempre momentos para disfrutar.

La mayoría de las personas viven como si lo que sus ojos ven fuera todo lo que existe. Es una forma muy limitada de vivir, pues le da la espalda a la energía que fluye a través de todo. La esencia del mundo es esta energía inteligente, una Inteligencia Universal que está en todas partes, en ti, en los mares, en la luna, en los perros, en el aire. Esta Inteligencia, Dios, es Amor Puro y muchísima gente no se da cuenta de que es el lugar donde encontrar la verdadera felicidad.

Empezar a sentir esta Luz dentro de ti, al hacer respiraciones conscientes y cerrar los ojos, te hará mucho bien. Y todo empezará a tener un sentido que antes no encontrabas.

Una vez conocí a una persona que me impresionó mucho. Era muy humilde, pero detrás de sus ojos, de su mirada sanadora y profunda, vivía Dios. Era evidente que esa persona habitaba en lo inconmensurable. Y solo entrar en contacto con ella diluyó todos mis problemas de ese momento, todas mis inseguridades y miedos.

Ese día comprendí el inmenso poder del ser humano cuando se conecta a la Luz.

Pon tu esfuerzo en vivir cada día con la conciencia de que no eres solo un cuerpo con sangre, células, órganos y piel.

Eres quien está detrás de todo eso, observándolo todo: eres poderosa energía invisible, luz infinita que tiene un porqué y un para qué en este mundo. Tienes una gran misión: servir a otros mientras recorres con alegría tu camino. Amarte es ser consciente de ella. Aún estás a tiempo. No esperes más. Ponte al servicio de esa misión y sé útil. **Empieza de cero cada día.**

Una vez escribí algo precioso que es cierto y que ayudó a mucha gente:

> **No estás solo, estás con la persona más importante de este mundo: tú mismo. Cuida de ti.**

Ahora escribo: **No estás solo: la Luz Infinita está contigo. Únete a ella, conecta con ella y las puertas se abrirán para ti. Experimentarás la auténtica felicidad: tu destino.**

Si vas de la mano de esa Luz, confiando en ella, no importará lo que hagas, pues tu corazón estará lleno de amor y el miedo no podrá hacer nada, pues le has quitado la careta y el poder.

Todo ser humano duda en algún momento, pero todo ser humano tiene la libertad de elegir creer. Una y otra vez, incansablemente.

Agradecerás todos los regalos de la vida —continuos, generosos— y disfrutarás de esas experiencias, esos viajes, esos encuentros, esos amantes, esas parejas, esos amigos, esos objetos, pero sabrás que no necesitas nada de eso para ser feliz.

Porque comprenderás, por fin, que la felicidad está en ti. Sabrás, sin que nada ni nadie pueda confundirte, que el amor por ti mismo es amor por la vida y que no hay nada más importante que cultivar ese amor. El amor comienza en ti.

Desde ahí, todo lo demás. Sin el amor hacia ti, nada.

Quererte a ti mismo parte de una decisión que tiene que ir más allá de la opinión de los otros, de tus actos, de tus equivocaciones, de tu trabajo, de lo que quieres conseguir, de los sueños cumplidos o no cumplidos. Es un compromiso contigo mismo de que, pase lo que pase, vas a amarte, tanto en el fracaso como en el éxito, y desde ahí podrás amar a los demás. Encontrar pareja o amarla de verdad si ya la tienes, al mismo tiempo que amas a todas tus relaciones, y disfrutas con ellas, es la siguiente aventura. Y para ello estoy escribiendo otro libro que pronto podrás tener en las manos. De momento, recuerda:

Tú eres tu proyecto más importante. Cuídate. Ámate siempre. Dite a ti mismo siempre que puedas cosas agradables. Trátate como a alguien a quien quieres mucho. Mira por ti y el amor seguirá expandiéndose a todos y a todo lo que te rodea.
Habrás empezado tu nueva vida. Nada será como antes. Has ampliado tu conciencia un poco más.
Tienes mucho trabajo por hacer. Tu principal trabajo es amar y vivir y volar: ser feliz.

Volver a volar

El otro día terminaron las obras en mi casa y esas cuatro semanas de polvo y escombros se transformaron en calma, belleza y tranquilidad.

Yo había regresado del cumpleaños de mi madre, en Córdoba, y supe que pasaría todas las fiestas navideñas en casa tranquilamente escribiendo. Luis, el pintor que pintó el suelo de blanco, tuvo que mover con sus chicos todos los muebles, cajas y estanterías de la casa, y aislarlos en una habitación para poder hacer su trabajo.

Cuando se marcharon, dediqué varios días a vaciar caja por caja. Encontré una entera llena de libretas. Empecé a abrirlas y encontré una libreta que había usado en Londres y que prácticamente había olvidado.

Había un texto que no había vuelto a leer desde aquel día de septiembre de 2021 en el que sucedió todo, un texto que ahora me hacía mucha falta.

Esa noche, después de salir del hospital de Hammersmith tras cuatro días en cama, con el informe de mi enfermedad en la mano, caminé por el río Támesis tratando de conectar con mi yo más profundo y con la fuerza del universo. Cuando regresé a casa, me di una ducha de agua hirviendo y, antes de meterme bajo las sábanas, cogí un pequeño cuaderno que tenía en la mesilla de noche y el bolígrafo que estaba en el primer cajón, y me senté a la mesa de estudio.

Las palabras empezaron a brotar desde dentro de mí cada vez con más fuerza, de una forma que me sorprendió mucho.

Estoy seguro de que fue un mensaje para todos nosotros, así que lo reproduzco a continuación para ir dando forma al final de este libro. Puedes poner la música que me acompaña mientras escribo: *Lost,* de Tony Ann.

> **Nada está perdido. Todo empieza de nuevo. La vida es conciencia: darte cuenta de tu poder creativo y cómo emplearlo para construir lo insólito, lo extraordinario.**
>
> **Cuando tanto tú como la mayoría de las personas hagan lo extraordinario el mundo se transformará. El paso previo para construir lo extraordinario es el amor a uno mismo, y eso incluye valorarse, pero también aprender dos cosas muy importantes: la lección de la humildad y la de la vulnerabilidad. Ambas lecciones llevan a amar de verdad.**
>
> **No importa lo que un ser humano haya acumulado, ni dónde viva, ni su cargo, ni los títulos que tenga, la familia que tenga, el dinero y las posesiones. No importa hasta dónde lleguen los avances científicos. Toda persona es vulnerable porque tiene que vivir con la incertidumbre de su propia vida y de la de los demás. Esto implica no poder saberlo todo, no poder controlarlo todo, y eso nos hace humildes.**

Y en esa humildad y vulnerabilidad podemos encontrar, paradójicamente, el verdadero amor y nuestra paz. Puedes encontrar el impulso para entregar tu vida a un propósito mayor, soltar el control y los apegos. Al saberte vulnerable, comprendes que el presente es lo único que tienes. La humildad y la vulnerabilidad te hacen más amable y menos soberbio.

Ahora, levántate. No admitas argumentos que te detengan. No aceptes excusas que te lleven a dejar de vivir: estás en el momento perfecto, donde estás, tal y como estás, para avanzar hasta el lugar al que quieres llegar.

Camina hacia adelante con decisión y con fuerza, pero no tengas prisa. La prisa elimina la paz y la felicidad que necesitas para ser amable con los demás y saborear cada instante.

La prisa hace que no disfrutes el camino y te aleja de lo que deseas.

Cambia la prisa por bienestar, por paz, por gozo. Las puertas de la Luz Infinita de la que formas parte siempre están abiertas, para ti y para los demás. No hay excepciones a este principio.

Tu mayor oportunidad empieza ahora.

¡Sé valiente!

Es tu oportunidad para hacer tu misión de verdad: ser útil y amar.
Es tu oportunidad para entregarte.
Es tu oportunidad para quererte.
Es tu oportunidad para querer más a los demás.
Es tu oportunidad para soñar.
Es tu oportunidad para tomar tus propias decisiones.
Es tu oportunidad para elegir el amor.
Es tu oportunidad para crecer.
Es tu oportunidad para tomar riesgos.
Es tu oportunidad para volar
Lo habitual es sobrevivir, lo extraordinario es volar. Elige volar. Volar es vivir de verdad.
¡Despierta! ¡Toma decisiones nuevas ya!, no aceptes más excusas, no desperdicies tu tiempo... Recuerda:
ES TU OPORTUNIDAD AHORA.
AHORA.
AHORA.
AHORA.

Querido lector o lectora: este libro se acaba. Pero no olvides que no estás solo:

Cuando te enfrentes a un reto y te parezca muy grande, recuerda que hay muchísimas personas que han superado cosas más graves. Tienes el poder de darle la vuelta a ese reto y aprender de él.

Qué bonito cuando te das cuenta de que, tras una época mala, estás empezando a volar de nuevo. Pero para volar necesitas ser libre. Un pájaro en una jaula no es libre. Nadie puede meterte en una jaula salvo tú mismo. La jaula es la cárcel. Tú tienes la llave para salir. Ser libre es vivir conectado a la Luz.

Hay gente que no quiere amar porque cree que perderá su libertad. Pero no hay amor verdadero sin libertad. Cuando amas, eliges. Cuando eliges, eres libre.

El año pasado di una conferencia en Cabra, localidad de Córdoba, y al terminar se me acercó un chico muy simpático, Jesús Herrador. Él luchaba contra el miedo y se apoyaba en mis libros para conseguirlo. «Tuve problemas serios con el corazón, me tuvieron que ingresar y cada día me da miedo que me pase lo mismo», me contó.

Me acordé de Jesús el otro día cuando regresaba con mi amigo Jose de Mallorca y me empezó a doler el pecho. En un principio, Jose y yo nos asustamos. Entonces recordé las palabras exactas que le dije a Jesús: «Decide vivir momento a momento, y el miedo se irá.»

El miedo no tiene espacio en el presente. El ahora es el eterno presente que se renueva a sí mismo de forma infinita. Cuando tomas conciencia de esto, ya estás accediendo a la sabiduría.

No sé si viviré un año, veinte o sesenta más, eso no es asunto mío. En realidad, ninguno de nosotros lo sabemos. Mi trabajo, tu trabajo, es VIVIR Y SER FELIZ. En el hospital de Londres aprendí la lección de la humildad y la vulnerabilidad: humildemente pido perdón por todas las veces en que la vanidad o la arrogancia me confundieron. Acepto mi vulnerabilidad con tranquilidad. Sé cómo quiero vivir mientras esté en este mundo. Vive con paz, con calma, con amor a ti mismo y a los otros, entregado a tu propósito de ayudar a otros a ser felices, disfrutando cada día y atreviéndote a hacer tus sueños realidad con pasión y valentía.

Para mí, para ti: todo puede acabar en cualquier momento. ¿Qué es estar realmente vivo? Volar.

Quien querías y ya no está vive en ti

¿Hay alguien a quien amaste que ya no vive?, ¿alguien a quien admiraste que ya no está entre nosotros? Esa persona no podrá ayudarte de un modo físico y concreto. No podrá coger un tren e ir a verte a tu habitación. Pero si le llamas y le pides ayuda, podrás sentir su presencia, sus respuestas y su fuerza dentro de ti. Escucha en tu interior y sabrás que tienes una guía dentro de ti.

Lee este texto precioso que escribió Isabel Allende cuando murió su hija Paula en la novela del mismo nombre:

> Sentí que me sumergía en esa agua fresca y supe que el viaje a través del dolor terminaba en un vacío absoluto. Al diluirme tuve la revelación de que ese vacío está lleno de todo lo que contiene el universo. Es nada y es todo a la vez. Luz sacramental y oscuridad insondable. Soy el vacío, soy todo lo que existe, estoy en cada hoja del bosque, en cada gota de rocío, en cada partícula de ceniza que el agua arrastra, soy Paula y también soy yo misma, soy nada y todo lo demás en esta vida y en otras vidas, inmortal.
>
> Adiós, Paula, mujer.
>
> Bienvenida, Paula, espíritu.

Ahora, a punto de terminar el libro, vuelvo a leer la nota que escribí en Londres que encontrarás páginas atrás. Ha sido catártico para mí. Recuerda:

Tu mayor oportunidad empieza ahora.
Nada está perdido. Todo empieza de nuevo.
Lo habitual es sobrevivir, lo extraordinario es volar.
Elige volar.
Volar es vivir de verdad.

Sé con total certeza que esas palabras, que son para todos nosotros, vinieron de algo más grande que yo. Es la Luz Infinita de la que he hablado en todo este libro. He descubierto que me resulta muy doloroso vivir apartado de esa luz que es la verdadera fuente de mi éxtasis y mi felicidad.

A esa luz hago mi compañera y mi aliada, aquí y ahora. Y espero haberte ayudado a que tú hagas lo mismo. La luz nos indicará el camino.

Confía.

Desde ese amor y esa conexión todo llega (personas, experiencias, deseos, felicidad, cosas, casas, trabajos, salud y, sobre todo, más amor). Sin eso nada merece la pena.

No hay nada que sea por azar: hay un hilo de oro escondido debajo de las apariencias que a veces nos confunden. Sigue ese hilo de oro.

Sigue la Luz.

La Luz es tu verdadero hogar, el lugar al que vas. Y también está aquí.

Ahora.

Ahora.

Ahora.

Madrid, 8 de enero de 2023

Querido amigo y querida amiga:

Cuando terminé este libro llegó a mi vida Teo, un perro muy simpático que vino a demostrarme, una vez más, que la magia existe. «Teo» significa «presencia de Dios», y considero que es un milagro. Él no podrá leer esta nota, pero le doy las gracias por su contagiosa alegría y por ayudarme a ser más feliz.

Agradezco a mi editora y descubridora, Ángeles Aguilera, su pasión y entusiasmo, intactos después de muchos años de profesión. Contar con una de las mejores editoras de este país es un honor y un orgullo, pero no hay palabras que expresen lo que supone conocerla como persona. Tu cariño y tu amor, querida Ángeles, me llegan y me tocan, y eso es lo más importante para mí.

A Fátima Santana, mi jefa de prensa, le agradezco su amistad y que crea en mí, así como su paciencia y que se entregue en cada uno de mis libros para darlos a conocer. Fátima siempre consigue entrevistas maravillosas e imposibles, como cuando me llamó tan emocionada y contenta como una niña y me dijo: «¡CURRO, CARLES MESA TE QUIERE ENTREVISTAR!».

A Marcos Salgado, que me ayudó a coordinar la obra de mi casa y también a decorarla e hizo magia con ella. Gracias nuestra poderosa intención, a su talento y buen hacer profesional, llegamos a tiempo en la fecha propuesta, y logré escribir plácidamente en el hogar soñado durante todas las Navidades de 2022.

A mis lectores más fieles: soy quien soy gracias a vosotros. A veces, en momentos difíciles, cuando el sentido de mi vida flaqueaba, me acordaba de que tengo lectores a los que mis libros ayudan, y la chispa interior volvía a encenderse dentro de mí. ¡Daré todo lo mejor para no decepcionaros y hacer los mejores libros a lo largo de mi vida!

Si te ha gustado este libro, regálalo a la gente que amas. ¡Creemos juntos un círculo muy poderoso de personas medicina que nos lleve a avanzar en la vida con más amor y alegría!

Puedes escribirme por Instagram (@currocanete) o por correo electrónico: elpoderdeconfiarenti@gmail.com. No puedo responder preguntas de forma personalizada, pues mis libros se publican en muchos países del mundo. Pero leo todos los mensajes y me encanta. Gracias.

Gracias por recomendar este libro, regalarlo y por dejar opiniones en Amazon o en la librería, grande o pequeña, donde lo hayas comprado.

En mi página web: www.currocanete.com, tienes información de mis *workshop* y talleres, mis sesiones particulares y mis firmas y eventos.

Hay mucho amor y felicidad para todos nosotros.

¡SEGUIREMOS COMPARTIENDO FELICIDAD, ALEGRÍA Y VIDA!

CURRO CAÑETE